［過去問］

2025
暁星小学校
入試問題集

JN084761

Shinga-kai

暁星小学校

過去10年間の入試問題分析
出題傾向とその対策

2023年傾向

今年度も第一次考査でペーパーテストと運動テストが行われました。一次合格者を対象とした第二次考査では、集団テストと保護者面接が行われました。第二次考査にあたってはあらかじめ持ち物の指示があり、集団テストでは持参した道具を使って行う作業もありました。

傾　向

考査は、第一次考査と面接を含む第二次考査によって行われます。第一次考査は生年月日順に指定された受験番号に従って、20〜25人単位で行われます。第二次考査は、第一次合格者を対象に20〜28人単位で行われていましたが、2021年度以降は8人単位となりました。2017年度までは第一次考査でペーパーテスト、第二次考査で集団テスト、運動テスト、親子面接を行っていましたが、2018〜2020年度は第一次考査がペーパーテストと運動テストで約1時間10分、第二次考査が集団テストと親子面接で約1時間30分の考査となり、2021、2022年度は第一次考査でペーパーテスト、第二次考査で集団テストと運動テスト、保護者面接となりました。そして、2023、2024年度は第一次考査でペーパーテストと運動テストが行われ、第二次考査で集団テストと保護者面接が実施されました。なお2021年度以降、第二次考査にはクーピーペン（12色）、のり、はさみなど使用する道具を各自持参しています。ペーパーテストでは多くの項目が出題され、話の記憶の問題は毎年出されています。観察力や推理・思考、記憶など図形や絵に関する問題も多いので、きちんと見比べる力や直感を基に判断する力も大切です。特に推理・思考では、重ね図形や重さ比べ、進み方が比較的よく出題されるほか、回転図形、四方図、鏡映図、比較などさまざまな問題が出されるのも特徴です。言語、常識などの課題も毎年出され、年齢相応の知識や語彙力が問われます。複雑な問題でなくても、短時間で解答しなければならないものが多いので、集中して一気に問題を解き進めるスピードが大切になります。ペーパーテストの実施時間自体が短く、「やめ」と言われたらすぐにやめるなどのテキパキとした態度も求められます。集団テストの内容にも個々の様子を見るものが含まれています。2023年度は出題されませんでしたが、生活習慣

を見る課題として、はしの扱い、バッグや箱へのものの片づけ、衣類の着脱などが毎年のように行われています。また、マットやカーペットの上での自由遊びが2020年度まで毎年出題され、グループで行う共同作業や競争・ゲーム、巧緻性なども頻出課題です。運動テストではボール投げや手でのドリブル、連続運動などが多く出題されています。2020年までの親子面接では、親子ゲームを含めて親子のかかわりを見られましたが、子どもには、生活場面の絵を見せてさまざまな状況での判断力を問う質問が毎年のように出題されていました。2021年度以降は保護者のみの面接となり、Ｗｅｂ出願後に郵送されてくる作文用紙に、その年のテーマに沿った作文を書いて提出することが加わり、保護者の考え方がより重視されるようになりました。

対　策

暁星小学校では、第一次考査で人数が絞られます。まずはペーパー対策が大切です。ペーパーテストの考査時間が約30分と短いので、集中して問題に取り組む姿勢や、間違えたと思ったりできないものがあったりしても気持ちを切り替えて次の問題に進めるような強い精神力を養っておきましょう。ペーパーテストでは話の記憶、絵の記憶、数量、推理・思考、常識、言語が頻出課題です。中でも力をつけておきたいのは数量の問題です。20までの数を正しく素早く数えること、スムーズな数の操作、合成や分割、１対複数の対応など、すべての数の問題に対応できる力をつけておきましょう。推理・思考の重ね図形や回転図形、対称図形など形に関する問題では、基本的な考え方や解き方を身につけておくことが必要です。重さ比べのような課題では、与えられた条件を基に考える力を養っておきましょう。常識の問題では昔話や生活、季節や交通道徳など、幅広い分野から出題されます。生き物、野菜や果物など身近なものについて、子どもの興味が偏らないようクイズ形式で親が質問する機会を作るのもよいでしょう。また言語では、しりとりがほぼ毎年出題されています。名称を正しく発音する、簡単なものであれば絵本や道具の名前を字で読ませるなど、文字や音に対する関心を持たせましょう。集団テストの行動観察は小集団で行われますが、初めて会う相手にも自分から遊びの提案をしたり、相手に応じたりできることが大切です。今何をすべきか自分で状況判断できる子に育てるためには、必要以上に依存心を持たせないようご家庭でも自立心を高める工夫をしてください。また、思ったことをきちんと言葉で表現できる力も大事です。日常の中でお子さんと対話する姿勢を見直し、話をすることの大切さや楽しさを伝えましょう。運動テストでは、サッカーが校技の暁星小学校らしくボールを使った課題がよく出ます。遠投や手を使ったドリブルなど、楽しみながら練習しておくとよいでしょう。男子校なので、心身ともにたくましさを養うことが大切で、ルールを守ること、きびきびした動作を心掛けることも大事なポイントです。日ごろから汗をかくことをいとわずに頑張る姿勢を身につけましょう。

年度別入試問題分析表

【暁星小学校】

	2024	2023	2022	2021	2020	2019	2018	2017	2016	2015
ペーパーテスト										
話	○	○	○	○	○	○	○	○	○	○
数量	○	○	○		○	○	○	○	○	
観察力		○	○	○	○		○			○
言語	○	○	○	○	○	○	○	○	○	○
推理・思考	○	○		○	○		○	○	○	○
構成力	○		○	○	○	○	○	○		○
記憶	○	○	○	○	○	○	○	○	○	○
常識	○	○	○	○	○	○	○	○	○	○
位置・置換	○	○								
模写										
巧緻性										
絵画・表現										
系列完成				○		○				
個別テスト										
話										
数量										
観察力										
言語										
推理・思考										
構成力										
記憶										
常識										
位置・置換										
巧緻性										
絵画・表現										
系列完成										
制作										
行動観察										
生活習慣										
集団テスト										
話	○			○				○		
観察力										
言語	○	○		○		○	○			
常識										
巧緻性	○	○		○	○	○	○	○	○	○
絵画・表現		○	○				○			
制作	○	○	○	○				○		
行動観察	○	○	○	○	○	○	○		○	○
課題・自由遊び					○	○	○	○	○	○
運動・ゲーム		○		○				○	○	○
生活習慣	○		○	○	○	○	○	○		○
運動テスト										
基礎運動	○	○			○	○	○			
指示行動										
模倣体操			○					○	○	○
リズム運動										
ボール運動	○	○	○		○	○	○	○	○	○
跳躍運動			○					○		
バランス運動								○		
連続運動	○	○	○	○	○	○	○		○	○
面接										
親子面接					○	○	○	○	○	○
保護者(両親)面接	○	○	○	○						
本人面接										

※伸芽会教育研究所調査データ

小学校受験Check Sheet

お子さんの受験を控えて、何かと不安を抱える保護者も多いかと思います。受験対策はしっかりやっていても、すべてをクリアしているとは思えないのが実状ではないでしょうか。そこで、このチェックシートをご用意しました。1つずつチェックをしながら、受験に向かっていってください。

✳ ペーパーテスト編

①お子さんは長い時間座っていることができますか。

②お子さんは長い話を根気よく聞くことができますか。

③お子さんはスムーズにプリントをめくったり、印をつけたりできますか。

④お子さんは机の上を散らかさずに作業ができますか。

✳ 個別テスト編

①お子さんは長時間立っていることができますか。

②お子さんはハキハキと大きい声で話せますか。

③お子さんは初対面の大人と話せますか。

④お子さんは自信を持ってテキパキと作業ができますか。

✳ 絵画、制作編

①お子さんは絵を描くのが好きですか。

②お家にお子さんの絵を飾っていますか。

③お子さんははさみやセロハンテープなどを使いこなせますか。

④お子さんはお家で空き箱や牛乳パックなどで制作をしたことがありますか。

✳ 行動観察編

①お子さんは初めて会ったお友達と話せますか。

②お子さんは集団の中でほかの子とかかわって遊べますか。

③お子さんは何もおもちゃがない状況で遊べますか。

④お子さんは順番を守れますか。

✳ 運動テスト編

①お子さんは運動をするときに意欲的ですか。

②お子さんは長い距離を歩いたことがありますか。

③お子さんはリズム感がありますか。

④お子さんはボール遊びが好きですか。

✳ 面接対策・子ども編

①お子さんは、ある程度の時間、きちんと座っていられますか。

②お子さんは返事が素直にできますか。

③お子さんはお父さま、お母さまと3人で行動することに慣れていますか。

④お子さんは単語でなく、文で話せますか。

✳ 面接対策・保護者（両親）編

①最近、ご家族での楽しい思い出がありますか。

②ご両親の教育方針は一致していますか。

③お父さまは、お子さんのお家での生活や幼稚園・保育園での生活をどれくらいご存じですか。

④最近タイムリーな話題、または昨今の子どもを取り巻く環境についてご両親で話をしていますか。

2024
2023
2022
2021
2020
2019
2018
2017
2016
2015

section
2024 暁星小学校入試問題

■ 選抜方法

第一次	考査は1日で、生年月日順（今年度は4月生まれから）で指定された受験番号順に、20人ずつのグループでペーパーテスト、運動テストを行い、192人を選出する。所要時間は約1時間30分。
第二次	第一次合格者を対象に、保護者面接と8人単位で集団テストを行う。所要時間は約1時間20分。

考査：第一次

■ ペーパーテスト

筆記用具は赤のクーピーペンを使用し、訂正方法は //（斜め2本線）。出題方法は音声。

1 話の記憶

「たろう君が庭の花壇を見ています。今は何のお花も咲いていないので、何かの種を植えようかなあと考えていたのです。今日は雲一つないとてもよい天気なので、たろう君はお散歩に出かけることにしました。公園の前を通ると、たろう君と同じくらいの背の高さの子どもたちが追いかけっこをして遊んでいました。たろう君は体が弱くて、かけっこができないのです。『いいなあ、僕もお友達と追いかけっこをしてみたいなあ』とうらやましく思いました。そして空を見上げると、細長い雲がありました。それは飛行機雲でした。たろう君は飛行機には一度も乗ったことがなかったので、雲を眺めながら『ああ、空を飛んでみたいな』と思いました。たろう君がお家に帰ると、庭の花壇の横の木に黄色い風船が1つ引っかかっていました。風船はたろう君の顔と同じくらいの大きさで、ひもには袋がついています。袋を触るとカシャカシャと音がしました。風船を持って自分の部屋に入ると、たろう君はペンで風船に笑っている顔を描きました。『そうだ、顔を描いたから名前をつけよう』と、風船に『フウタ』と名前をつけました。そして風船のひもを持ったまま、たろう君はベッドで寝てしまいました。すると、たろう君のことを呼ぶ声が聞こえてきます。目を開けると風船のフウタが笑いながら『たろう君、一緒に遊ぼうよ』と言うのです。たろう君はちょっと驚きましたが『うん！』と喜んで返事をすると、フウタと一緒に外に出て、追いかけっこを始めました。初めはフウタが逃げて、たろう君が追いかけました。次にたろう君が逃げてフウタが追いかけました。一生懸命逃げましたが、たろう君はフウタに捕まってしまいました。すると、フウタが『僕のひもにしっかりつかまって』と言いました。たろう君がぎゅっとひもを握ると、フウタはどんどん大きくふくらんで空

に上がっていきました。『やったー！ 僕、空を飛んでいる。公園が小さく見えるよ』と大喜びしながらたろう君が言うと「よかった。空の散歩も楽しいでしょう」とフウタもニコニコしながら言いました。そして、フウタは少しずつしぼんで元の大きさになり、たろう君は地面に下りました。フウタと一緒に部屋に戻り『また遊ぼうね』と言うと、たろう君はフウタのひもを握ったまま寝てしまいました。朝、たろう君が起きると、なんとフウタはすっかりしぼんでいました。たろう君はとてもがっかりしましたが、花壇に行って土を掘り、フウタを大切に埋めて土をかけ、その上に風船の形をした石を載せると手を合わせてお祈りをしました。たろう君が毎日水をかけていると、ある日そこから芽が出てきて、やがてきれいなお花がたくさん咲きました」

- 1段目です。たろう君がお散歩に出かけたときのお天気に○をつけましょう。
- 2段目です。たろう君が風船を部屋に持って帰ったときの様子に○をつけましょう。
- 3段目です。お話の様子を描いた絵をお話の順番に並べたとき、2番目になる絵に○をつけましょう。
- 4段目です。朝起きて、たろう君はどんな顔になったと思いますか。合う絵に○をつけましょう。
- 5段目です。お話の最後には、たろう君はどんな顔になったと思いますか。合う絵に○をつけましょう。

2 推理・思考（重さ比べ）

- 上の長四角を見ましょう。太陽1つと星3つが同じ重さで、月1つと星2つが同じ重さというお約束です。では、下の段を見ましょう。左端の四角と、同じ重さになるのはどの四角ですか。右側から選んで○をつけましょう。

3 数 量（進み方）

- 上を見ましょう。カメは1回に1マスずつ進みます。リスは1回に1つ飛ばしで、ウサギは2つ飛ばしでマス目を進むお約束です。では、下を見ましょう。マス目にいる生き物たちが、顔の向いている方向に先ほどのお約束で進みます。2匹の生き物が一緒にスタートして、ちょうど同じ時に入るマス目はどこですか。そのマス目に○をかきましょう。

4 構 成

- 左の形を2つくっつけてもできないものを、右から選んで○をつけましょう。左の形の向きは変えてもよいですが、重ねたり裏返してはいけません。

5 位置の移動

・左上を見てください。ハートのところから右に2つ、上に1つ進んだマス目に○をかきましょう。

・右上を見てください。星のところから左に2つ、下に3つ、右に1つ、上に1つ進んだマス目に○をかきましょう。

・真ん中を見てください。太陽のところから下に2つ、左に4つ、上に3つ、右に2つ進んだマス目に○をかきましょう。

・一番下を見てください。月のところから上に2つ、右に3つ、上に1つ、左に4つ、下に1つ、左に1つ進んだマス目に○をかきましょう。

6 絵の記憶

（上の絵を20秒見せた後隠し、下の絵を見せる）

・1段目です。公園にいた犬に○をつけましょう。

・2段目です。ベンチに座っていた人と同じ数の人が遊んでいた場所に○をつけましょう。

・3段目です。誰も遊んでいなかったものに○をつけましょう。

・4段目です。公園になかったものに○をつけましょう。

・5段目です。サッカーをしていた人と同じ数の黒丸がかいてある四角に○をつけましょう。

7 言　語

・1段目です。名前の最後の音が1つだけ違うものに○をつけましょう。

・2段目です。しりとりでつなげたとき、つながらないものに○をつけましょう。

・3段目です。生き物の名前が隠れていないものに○をつけましょう。

・4段目です。名前が同じでも、違うものに○をつけましょう。

8 常　識

・1段目です。桃太郎のお話に出てこないものに○をつけましょう。

・2段目です。正しい置き方に○をつけましょう。

・3段目です。正しい影の様子に○をつけましょう。

・4段目です。サッカーボールに○をつけましょう。

運動テスト　｜　体育館に移動して行う。

🔲 かけっこ

スタート地点から走り、向こう側にあるコーンを回って戻ってくる。

■ ジグザグドリブル

2人1組で行う。コーン3本の間をボールでドリブルしながらジグザグに進み、一番遠いコーンを回ってスタート地点に戻る。

■ ボール投げ上げ

ボールをその場で投げ上げ、3回手をたたいてからキャッチする。

■ ボール投げ

壁に向かってボールを片手で投げる。投げたボールは自分で取りに行き、カゴの中に戻す。

■ 連続運動

床にジグザグに置かれたフープの中を両足跳びで進む→ケンケンで戻る。

考査：第二次

集団テスト	机のついたてに自分のマーク（トラ、ウサギ、ネズミなどの動物）がついている席に座って行う。クーピーペンやのり、セロハンテープ、はさみなどの道具は持参したものを使う。

■ 生活習慣

各自の机の上に、水の入ったコップと空のコップ、ふきんが用意されている。水の入ったコップから空のコップに、同じ量になるように水を移し入れる。机にこぼした際はふきんでふく。音楽が流れている間に行う。

9 話の記憶

話を聞くときは、机の上で両手を組んできちんとした姿勢で聞くようにと指示があり、テスターがお手本を示す。

「マリア様がイエス様を産み、イエス様にお話をしました。『あなたのお父さまはお空にいる神様です。一緒に畑を耕すことはできないけれど、小鳥や花を大切に思い、空から太陽の光をくださり、雨も降らせてくださるのです。神様はたとえ悪いことをした人がいても、その人のことを信じ、その人のことを思ってお祈りしてくれています。そして、神様は小鳥や花も大切に思っていますが、何よりもあなたたちのことを大切に思ってくださっています。ですから、あなたもお友達に意地悪をしたり、お友達の悪口を言ったりしてはいけません』と話してくれました。そこで、イエス様は天にいる神様のことをみんなに伝えようと思いました。そして、水をいっぱい入れたかめを載せた船に乗り、いろいろな国

に出かけていき、『みんながお互いを大切に思いましょう』とお話しされました」

・お話に出てきたものに、赤のクーピーペンで○をつけましょう。

10 位置の移動

今からイヌがお家まで帰ります。どの道を通るのか、お話を聞きましょう。ただし、お話を聞いている間は手はひざの上に置き、絵を指でなぞったりしてはいけません。

・上の四角です。今、イヌのいるところから、上に1つ、右に2つ、上に1つ、左に1つ、上に1つ進んでお家に帰りました。赤のクーピーペンで道をなぞり、着いたお家に○をつけましょう。

・下の四角です。今、イヌのいるところから、上に2つ、左に1つ、上に1つ、右に3つ、下に1つ、左に1つ進んでお家に帰りました。赤のクーピーペンで道をなぞり、着いたお家に○をつけましょう。

🔖 巧緻性・言語

機関車、家、キンギョ、ぬいぐるみ、Tシャツ、ネックレス、コイン、クッキーなど8枚の塗り絵が入ったファイルが各自に配られる。

・感謝している人に何かをプレゼントしようと思います。誰にプレゼントするかを考えて、絵の中から1枚選んでクーピーペンで自由に塗りましょう。ほかの絵はファイルにしまいましょう。

塗っている最中にテスターに呼ばれ、質問に答える。
・誰にプレゼントしたいのですか。
・それはなぜですか。

🔖 行動観察・巧緻性・言語

グループごとに、色の違う折り紙計8枚が用意される。

・みんなで相談して1人1枚ずつ折り紙を選び、好きなものを折りましょう。できたら手を挙げてください。

挙手すると、テスターから質問される。
・何を折りましたか。
・どうしてそれを折ったのですか。

🔖 行動観察

グループごとにさまざまな宝物（ミニカー、恐竜のおもちゃ、お菓子の袋などに磁石がつ

いたもの）が入ったビニールプールと、ひもに磁石のついた釣りざお4本が用意される。

・みんなでどのように遊ぶか相談して、宝物釣りをしてください。

📖 共同制作

4人1組に分かれて行う。遊園地の見取り図が描かれた模造紙がグループに1枚、遊園地にある乗り物の絵カード（約7cm四方でジェットコースター、メリーゴーラウンド、観覧車など）6枚1組と、約7cm四方の白い画用紙（枠線がかかれている）が各自に用意される。

・乗り物カードの中から、自分がお友達と乗りたい絵カードを1枚選びましょう。

・白い画用紙の線の中に一緒に乗りたいお友達の顔を描いて、線に沿って切り取りましょう。

・乗り物カードとお友達の顔を描いた紙をセロハンテープでつなぎ、模造紙の自分のマークが描かれた四角に液体のりで貼りましょう。

・今から先生が配る絵カードの中からどの乗り物を置くかをみんなで相談し、決まったら模造紙の真ん中の長四角に置きましょう。

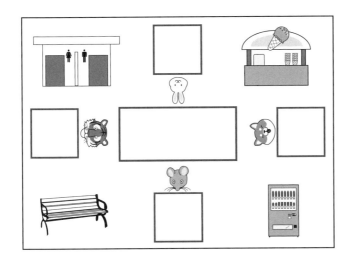

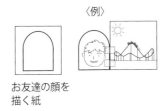

〈例〉

お友達の顔を
描く紙

▮ 保護者面接 ▮ 父親と母親のどちらが答えてもよい場合と、どちらかが指定される場合がある。

・テーマ作文はどちらがお書きになりましたか。（書いていない方に）どのように工夫してサポートしていらっしゃいますか。

・休日の過ごし方についてお聞かせください。

・お子さんの日曜ミサやカトリックの行事への参加に問題はありませんか。

・今までに教会を訪れたり、聖書を読まれたりしたことはありますか。

・地域とのつながりについて、何かされていることはありますか。

・（「歓喜」と「癇癪」と書かれたカードを示し）お子さんが家庭内で歓喜したり、癇癪を起こしたりしたときの具体的なエピソードをお聞かせください。そのようなときには、どのように対応されましたか。

・お子さんは、お家でお手伝いはされていますか。

・緊急時のお迎えの対応は大丈夫ですか。

| 面接資料／アンケート | Ｗｅｂ出願後に郵送されてくる作文用紙に記述し、指定日までに手書き願書とともに返送する。

作文テーマ（300字）
「育児・仕事・受験・ご自分の時間のバランスをどのように保っていらっしゃいますか。具体的にお書きください」

2

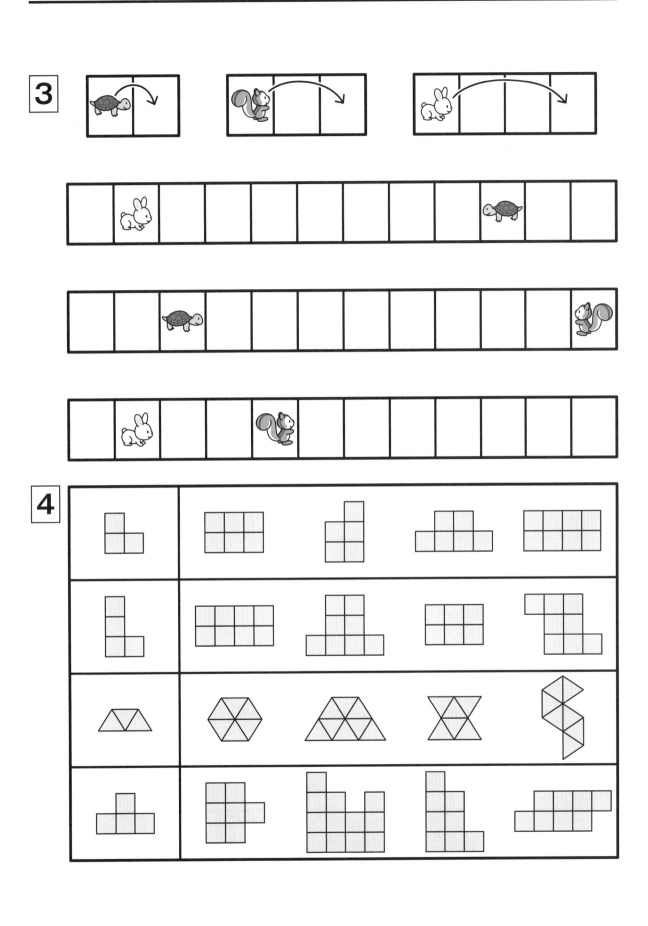

5

6

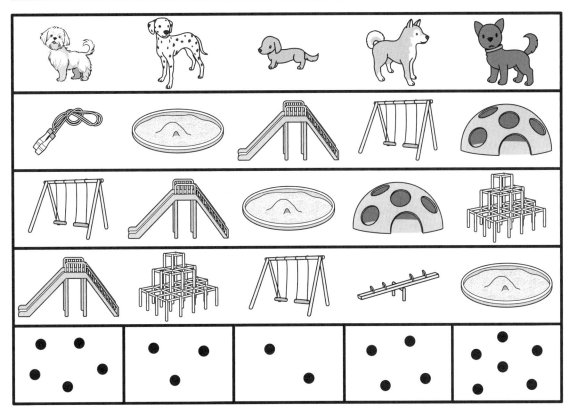

7

8

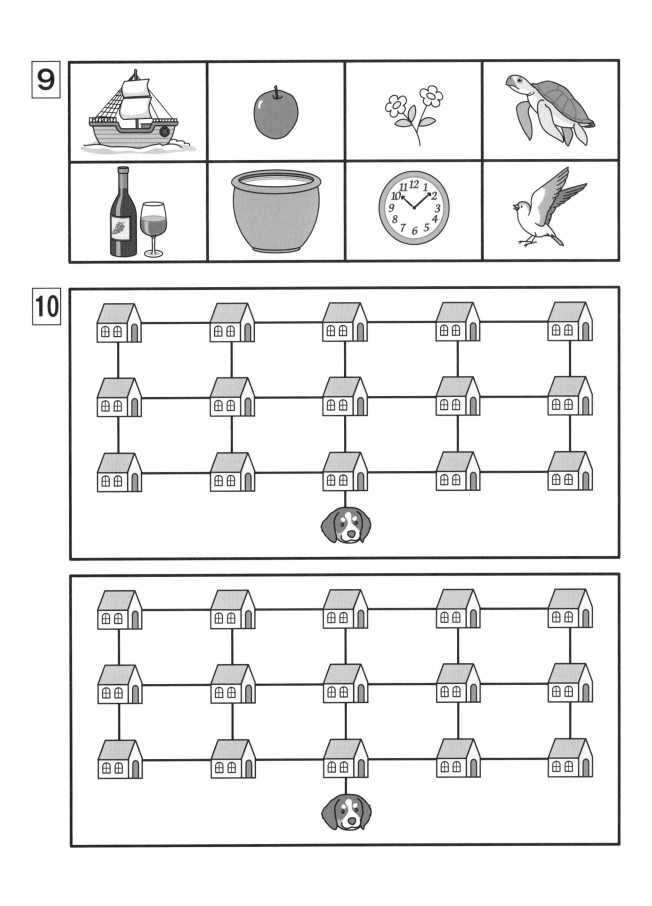

2023 暁星小学校入試問題

■ 選抜方法

| 第一次 | 考査は1日で、生年月日順（今年度は4月生まれから）で指定された受験番号順に、20人ずつのグループでペーパーテスト、運動テストを行い、192人を選出する。所要時間は約1時間20分。 |

| 第二次 | 第一次合格者を対象に、保護者面接と8人単位で集団テストを行う。所要時間は約1時間30分。 |

考査：第一次

▌ ペーパーテスト

筆記用具は赤のクーピーペンを使用し、訂正方法は//（斜め2本線）。出題方法は音声。

1 話の記憶

　「たろう君は、いつもお兄さんの笛を借りて吹いています。『僕も笛が欲しいなあ』と、ずっと思っていました。ある朝、目を覚ますと枕元にプレゼントの包みが置いてあります。『何だろう？』と開けてみると、青い笛が出てきました。そうです、今日はたろう君のお誕生日なのです。お母さんは、『たろうも自分の笛が欲しいのかなと思っていたから、今年のお誕生日のプレゼントにしたのよ』と笑っています。たろう君は大喜びです。『この青い笛を原っぱで思いっきり吹いたら、気持ちいいだろうな』と思い、原っぱへ出かけました。今日は雲一つないよいお天気で、気持ちよく笛を吹いていると、お友達のじろう君がサッカーボールを持ってやって来ました。『ねえ、たろう君。一緒にサッカーをしない？』とじろう君が言いました。たろう君は『いいよ』と言って切り株の上に青い笛を置いて、じろう君とサッカーをしました。『ああ、楽しかった！』サッカーに夢中になりすぎたたろう君は、笛を持って帰るのを忘れてしまいました。『あ、笛を忘れちゃった！』途中で気がついて急いで笛を取りに原っぱに行くと、どこからか笛の音が聞こえてきます。木の陰からのぞいてみると、何とキツネ君が切り株の上で青い笛を吹いているではありませんか。その周りには動物たちがいて、切り株を囲むようにして聴いています。『あれは僕の笛だ』と思いながらたろう君は見ていましたが、キツネ君の吹く笛の音はとてもきれいです。キツネ君の演奏が終わると動物たちが拍手をしたので、たろう君も思わず拍手をしました。すると、動物たちは一斉にたろう君を見ました。みんなびっくりした顔をしています。キツネ君は『僕の笛を聴きに来たの？』と言うと、たろう君をお客さんの席に案内してくれました。『この笛はね、僕の宝物なんだよ。この切り株の上に置かれたままだったから、僕がもらう

ことにしたんだ』とうれしそうに言いました。『これからほかのみんなも演奏をするから、聴いていってね』。その後、最初にクマさんがラッパを吹きました。体の大きいクマさんが吹くラッパの音はとても大きくて、たろう君はびっくりしました。その次はタヌキ君です。まるで自分のおなかをたたくように、上手に太鼓をたたきました。その次はウサギさんです。きれいにトライアングルを鳴らしました。演奏を終えたウサギさんが、『次はたろう君の番だね』と言いました。『えっ？！』たろう君の笛はキツネ君が持っているので、使う楽器がありません。『どうしよう』とたろう君は少し困ってしまいました。するとキツネ君が『僕の笛を貸してあげるよ』と言ったので、たろう君はキツネ君から笛を受け取ると、お兄さんの笛で練習していた『どんぐりころころ』を吹きました。ちょっとドキドキして音を1つ間違えてしまいましたが、動物たちは『わあ、上手だね』と拍手してくれました。キツネ君に笛を返してもらおうかと思っていたたろう君ですが、動物たちが楽しく演奏している様子を見て『僕はまたお兄ちゃんの笛を借りよう。プレゼントの笛をあげてしまっても、お母さんは許してくれるかな』と思いながら『この笛はとてもよい笛だね』と言うと、キツネ君に笛を返しました。『ありがとう。また来てね』。キツネ君もとてもうれしそうです。見上げると、青い空がどこまでも広がっています。たろう君は『また動物たちと楽器の演奏会をしたいな』と、うれしい気持ちでお家に帰りました」

- たろう君が原っぱに出かけたときの天気に○をつけましょう。
- 今のお話に出てこなかった動物に○をつけましょう。
- キツネ君の演奏の後、みんなが演奏した楽器の順番と合う絵に○をつけましょう。
- 「君の番だよ」と言われたときのたろう君はどんな顔だったと思いますか。○をつけましょう。
- お家に帰るとき、空を見上げたたろう君はどんな顔だったと思いますか。○をつけましょう。

2 　数　量（分割）

- 左の四角の中のリンゴとミカンを、その隣の子どもたちが仲よく同じ数ずつ分けると、残りはどうなりますか。右側から正しいものを選んで、○をつけましょう。何も残らないこともありますよ。

3 　推理・思考（四方図）

- 一番上の四角がお手本です。左の積み木を、サルは手前から、イヌは右から、キジは上から見ています。右側には、見える積み木の様子がそれぞれ描いてあります。では、下の3段を見ましょう。左の積み木をお手本と同じ向きからサル、イヌ、キジが見たとき、どの向きからも見えない形を右側から探して○をつけましょう。

4 観察力

・いろいろな形が左のように重なっているとき、下から2番目にある形を右側から選んで○をつけましょう。4つともやりましょう。

5 推理・思考（進み方）

・上の四角がお約束です。丸は右に、三角は左に、四角は上に、バツは下にマス目を1つ進みます。では、下のサルがいるマス目を見ましょう。マス目の左側に、お約束の印が上から順番に並んでいます。サルが今いるところからスタートして印の通りにマス目を進み、着いたところにある果物に○をつけます。最初の印は丸ですから、まず右へ進みます。次も丸なのでもう1つ右へ進み、その次はバツで下へと印の通りに進んでいくと最後はブドウに着くので、ブドウに丸がついています。やり方はわかりましたか。ではほかのマス目で、動物たちがお約束通りにマス目を進むと着く果物に○をつけましょう。

6 位置・記憶

（上の絵を20秒見せた後隠し、下の絵を見せる）
・1段目です。さっき見た絵になかった印に○をつけましょう。
・2段目です。角のマス目にあった印に○をつけましょう。
・3段目です。マス目の中に、三角はいくつありましたか。同じ数だけ黒丸がある四角に○をつけましょう。
・4段目です。星印のすぐ左にあった印に○をつけましょう。

7 言語・常識

・1段目です。何かをとるときに使うものに○をつけましょう。
・2段目です。名前の中に生き物の名前が入っているものに○をつけましょう。
・3段目です。人の力で動かす乗り物に○をつけましょう。
・4段目です。上から言っても下から言っても同じ名前になるものに○をつけましょう。
・5段目です。名前の音の数が1つだけ違うものに○をつけましょう。
・6段目です。しりとりでつなげたときに、1つだけつながらないものに○をつけましょう。

8 常識

・1段目です。1つだけ季節が違うものに○をつけましょう。
・2段目です。わたしは6本足で羽があり、あごが大きいです。夜になると木の蜜を吸います。わたしを選んで○をつけましょう。
・3段目です。生き物の子どもと大人の組み合わせが描いてあります。間違っているもの

に○をつけましょう。

・4段目です。1膳、2膳と数えるものに○をつけましょう。

・5段目です。電車の中の様子です。よくないことをしている子がいる絵に○をつけましょう。

運動テスト
体育館に移動して行う。

かけっこ
スタート地点から走り、向こう側にあるコーンを回って戻ってくる。

ジグザグドリブル
2人1組で行う。コーン3本の間をボールでドリブルしながらジグザグに進み、一番遠いコーンを回ってスタート地点に戻る。

ボール投げ上げ
ボールをその場で投げ上げ、3回手をたたいてからキャッチする。

ボール投げ
壁に向かってボールを片手で投げる。投げたボールは自分で取りに行き、カゴの中に戻す。

連続運動
床にジグザグに置かれたフープの中を両足跳びで進む→スキップで戻る。

考査：第二次

集団テスト
クーピーペンやはさみなどの道具は持参したものを使う。

9 推理・思考

・3枚のピザがあります。左から順に、4人、3人、5人でちょうど同じ大きさに分けられる線を、青のクーピーペンでピザにかきましょう。

10 注意力

右端のマス目を見てください。印がかいてありますね。このように先生が言った印を、マス目の上から順番に青のクーピーペンでかいていきます。ただし「飛ばす」と言ったら、

そのマス目には何もかきません。右端のマス目で言った印は、丸、三角、バツ、三角、飛ばす、バツ、丸です。（やり方を確認する）

・イチゴのところです。丸、丸、バツ、三角、飛ばす、丸、バツ、三角。

・バナナのところです。バツ、三角、飛ばす、バツ、丸、三角、三角、バツ。

・ブドウのところです。丸、三角、バツ、バツ、飛ばす、飛ばす、丸、バツ。

※印の読み上げは、2問目は1問目よりもかなり速く、3問目は1問目と同じ速さで行う。

巧緻性・絵画・言語（発表力）

大小の四角がかかれたB5判の上質紙が用意される。

・大きい四角が表、小さい四角が裏になるように、上質紙を2回折る。

・大きい四角の中にクーピーペンで、今まで母親に読んでもらった中で一番好きなお話の場面の絵を描く。

・なぜそのお話を選んだのか、描いた絵を持って1人ずつ発表する。

大小の四角がそれぞれ表と裏で見えるよう、四つ折りにする

制作（モモのお面作り）・言語（発表力）

モモの台紙（ピンク）、葉っぱの台紙（黄緑）、四角がかかれた紙（黄色）、バンドの台紙（画用紙の横半分の大きさに横線が引かれ、線を挟んで片側は水色、もう片側は灰色。クリアフォルダからははみ出している）が入ったクリアフォルダが用意される。モモと葉っぱを線に沿ってはさみで切り取り、テスターのお手本に従って葉っぱをモモの下に液体のりで貼りつける。バンドの台紙を線に沿って切り分け、水色の方をモモを挟んで輪になるようにモモの表側にステープラー（ホチキス）で留め、お面にする。制作の後、自分が作ったモモのお面がとてもよくできたと思ったら◎、まあまあよくできたと思ったら○、もう少し頑張れたと思ったら△、全然うまくできなかったと思ったら×を、黄色い紙の四角の中に赤のクーピーペンでかく。ごみを捨て、道具を片づけたら、最後にどうしてそのように思ったのかを1人ずつ発表する。

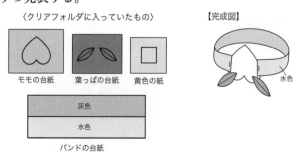

🎨 絵画・言語（発表力）

Ｂ５判の上質紙が用意される。「桃太郎の家来たちがオニと戦っている。きびだんごがあと１つ残っているので、もう１人家来を連れてこようと思うが、あなたが桃太郎だったら誰を家来にしたいか」というお話を聞き、クーピーペンで家来にしたいものを描く。なお家来は動物に限らず、人間でもアニメのキャラクターなどでも何でもよいとの指示がある。描いた後、自分の絵を持って、なぜその家来を選んだのかを１人ずつ発表する。

🎨 行動観察

４人１組に分かれて行う。

・マットの上に靴を脱いで上がりましょう。今からカードゲームで使うカードを作ります。カードのテーマは春夏秋冬の季節です。まず、誰がどの季節の絵を描くか相談して決めましょう。

・決まったら、それぞれいったん自分の席に戻りましょう。（Ａ４判１／８サイズの紙が２枚ずつ配付される）自分の季節のものの絵を２種類、クーピーペンで描きましょう。（例：春ならこいのぼりとチューリップなど）

・描いたカードを持って、マットの上に集まりましょう。

・（持ち寄ったカードとテスターが用意したカードを合わせて、裏返しにしてバラバラに置く）１人ずつ順番に、カードを２枚選んで表に返しましょう。２枚とも同じ季節の絵なら、そのカードをもらえます。違う季節なら、裏返しに戻します。では、相談して順番を決め、遊びましょう。

🎨 模倣体操

８人で行う。モニターに映るテスターのお手本と同じように体を動かす。号令や音楽はない。

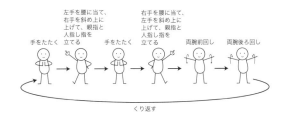

保護者面接

最初に２点確認された後、父親と母親のどちらが答えてもよいとあらかじめ言われる。また先に答えた方の話を踏まえ、もう片方に「いかがですか」「どう思われますか」と続けてたずねられることもある。

〈確認事項〉

・キリスト教行事への参加は問題ありませんか。

・オンライン授業でインターネットを使いますが、ご家庭のネット環境は問題ありませんか。

保護者

- インターネットやタブレット端末の使用にあたり、ご家庭でのルールはありますか。
- ４月の小学校入学までにお子さんにさせたいことや習い事はありますか。
- （性教育の絵本を見せながら）本校ではこの絵本を使って指導していますが、お子さんに性についての話はされますか。
- 本校は家庭で行う課題が多いですが、お子さんの取り組み方が「期日までに間に合いさえすればよい」と雑になっていたらどうされますか。（または、「提出が間に合わない」と言われたらどうするかを聞かれることもある）
- 子どもに学校を休ませて家族で旅行に行くご家庭について、どのように思いますか。
- 休みの日に遊んで疲れたので、次の日に「学校に行きたくない」とお子さんが言ったらどうされますか。
- １年時の担任は、若手かベテランか、男女どちらかなど、ご希望はございますか。

面接資料／アンケート Ｗｅｂ出願後に郵送されてくる作文用紙に記述し、指定日までに手書き願書とともに返送する。

作文テーマ（300字）

「お子様から『神様は本当にいるの』と質問されたら、どのようにお答えになりますか。具体的にお書きください」

1

2

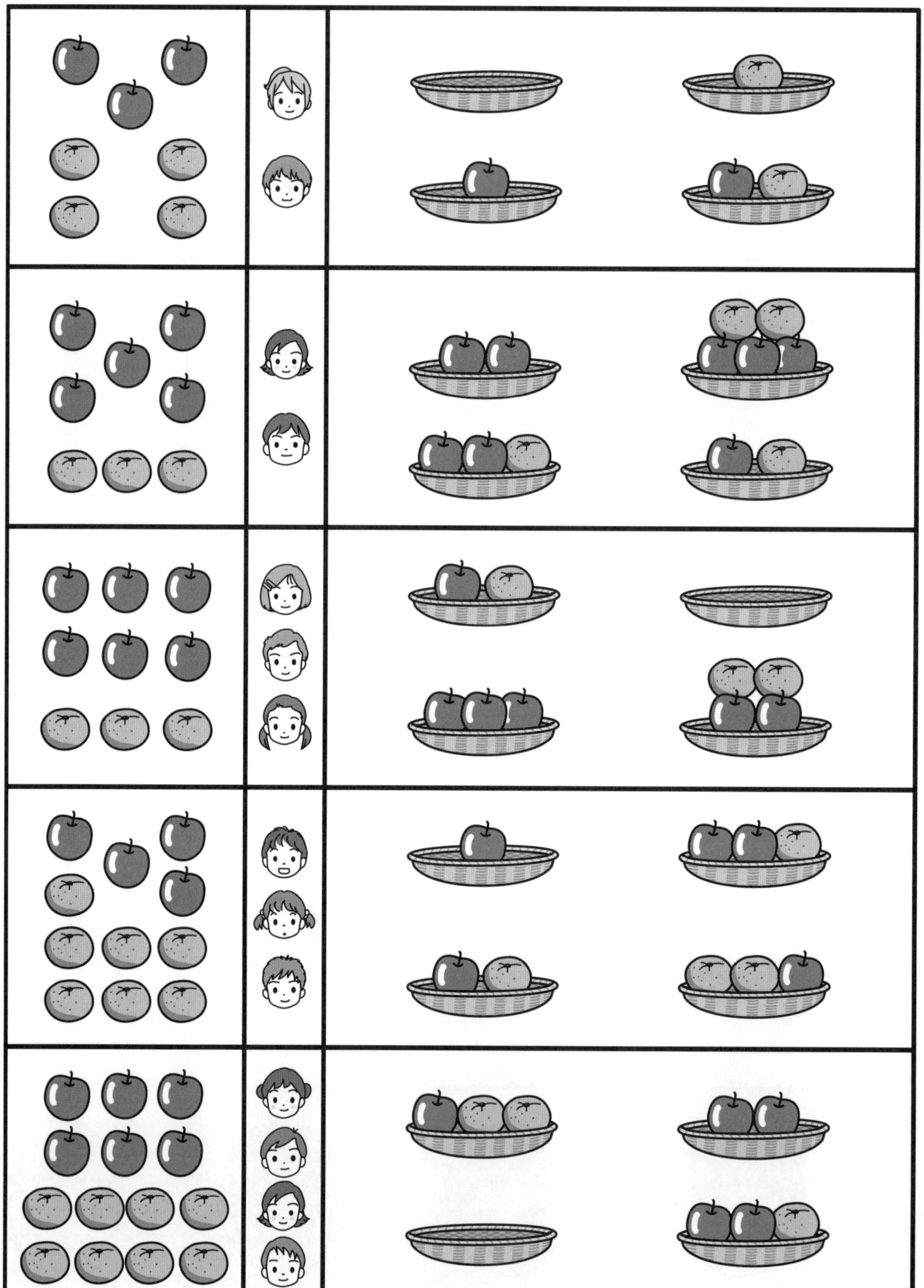

3

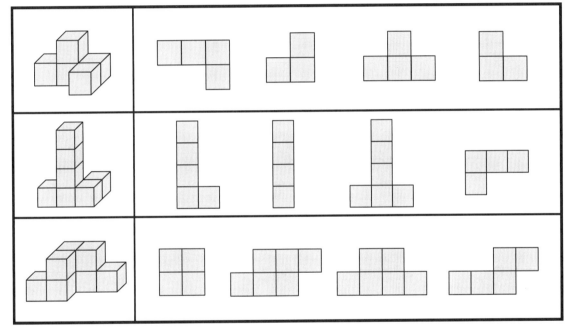

4

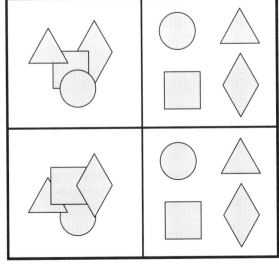

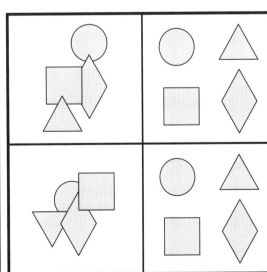

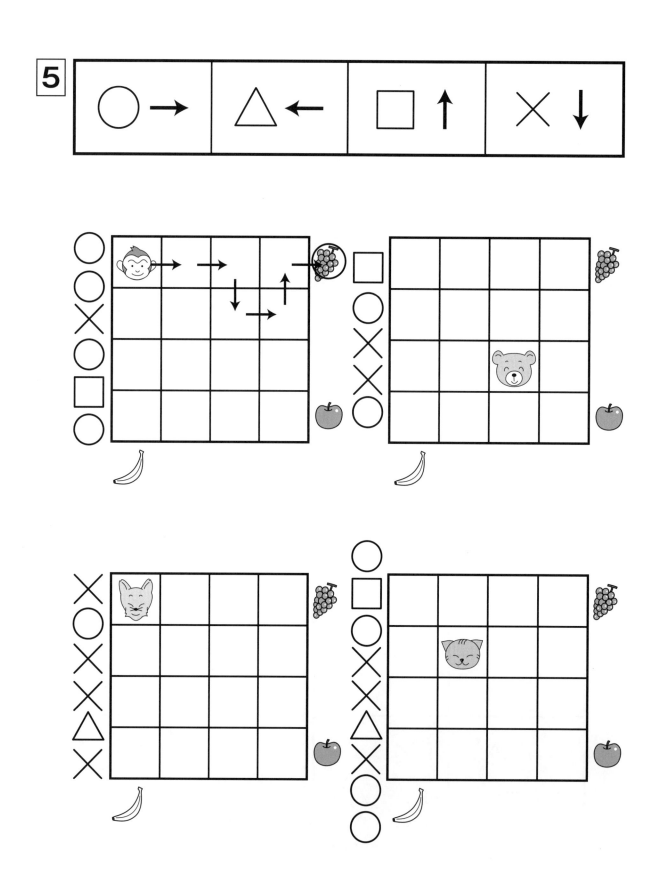

6

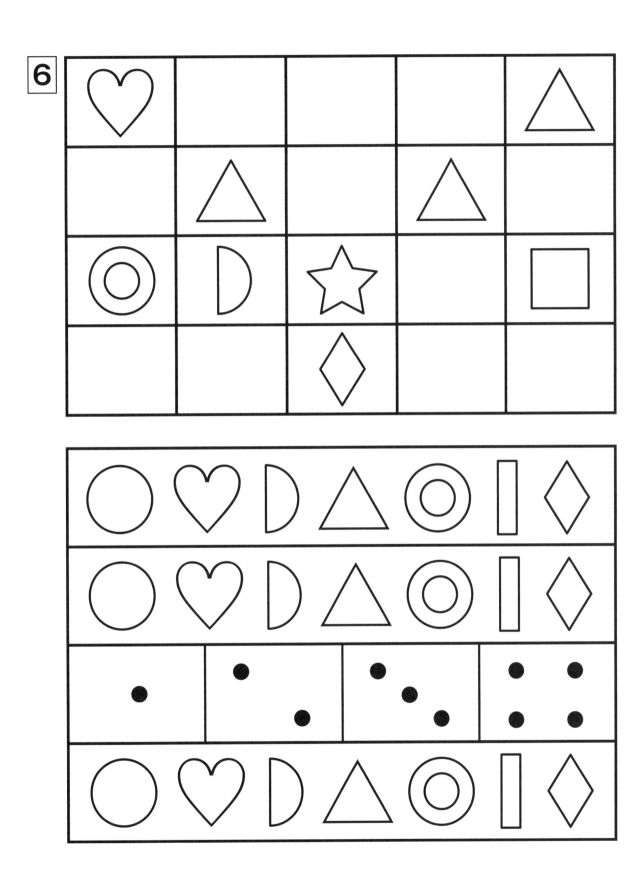

7

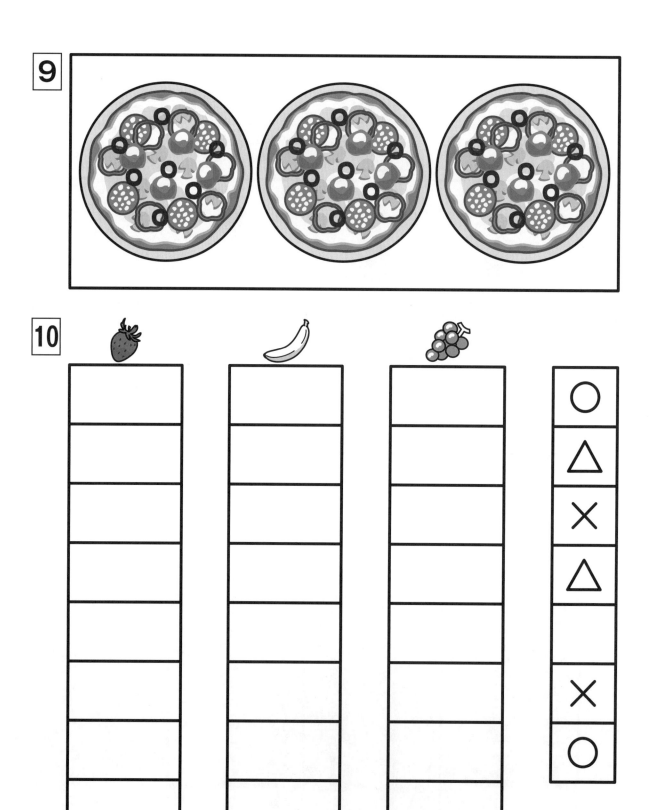

section
2022 暁星小学校入試問題

■ 選抜方法

| 第一次 | 考査は1日で、生年月日順（今年度は4月生まれから）で指定された受験番号順に、20人ずつのグループでペーパーテストを行い、192人を選出する。所要時間は約30分。 |

| 第二次 | 第一次合格者を対象に、保護者面接と8人単位で集団テスト、運動テストを行う。所要時間は約1時間30分。 |

考査：第一次

┃ ペーパーテスト
筆記用具は赤のクーピーペンを使用し、訂正方法は // （斜め2本線）。出題方法は音声。

1 話の記憶

「たかし君はお母さんと一緒に幼稚園から歩いて帰る途中、バス停の前を通りました。すると、会社から帰ってきたお父さんがちょうどバスから降りてきたので、たかし君はとてもうれしくなりました。マンションに着いて階段を上るとき、たかし君はお父さん、お母さんと手をつないで、ブランコのように2人にぶら下がりながらピョンピョンとジャンプしていきました。お家でたかし君は、幼稚園の先生に言われたことを思い出しました。『お母さん、幼稚園の先生が明日は鉛筆を使うから持ってきてって言っていたよ。鉛筆はどこにあるの？』『それなら、引き出しの中を見てみて』。お母さんに言われた通りに引き出しの中を探してみましたが、鉛筆はありません。『そこになければ、文房具屋さんに買いに行かないといけないわね』。お父さんはお風呂に入っていて、お母さんは夕ごはんの支度をしています。そこで、たかし君は自分で買いに行くことにしました。お母さんから100円玉を2枚もらうと、しっかりと握りしめて文房具屋さんに向かいます。マンションの階段をあまりにも勢いよく駆け下りたので、たかし君は思わず転んでしまいました。とても痛かったのですが、すぐに立ち上がって文房具屋さんへと急ぎました。お店に着くと、もう入口のシャッターがたかし君のひざのところまで下りています。お店の中に向かって『鉛筆をください』と言ってみましたが、聞こえないのか誰も出てきません。たかし君は勇気を出して、今度は自分でもびっくりするくらい大きな声で言いました。『鉛筆をください！』するとようやく奥からお店の人が出てきて、なんとか鉛筆を買うことができました。たかし君はほっとして、歩いてお家に帰りました。マンションまで戻ってくると、階段の上ではお父さんとお母さんが待っていて、たかし君に手を振ってくれました」

- ・たかし君が買いに行ったものに○をつけましょう。
- ・幼稚園から帰ってきたとき、たかし君はどのようにして階段を上りましたか。合う絵に ○をつけましょう。
- ・たかし君はお金をどのように持って、お買い物に行きましたか。合う絵に○をつけましょう。
- ・お買い物をした後のたかし君は、どんな顔をしていたと思いますか。合う絵に○をつけましょう。
- ・お買い物をして帰ったたかし君を、お父さんとお母さんはどのようにして待っていましたか。合う絵に○をつけましょう。

2 数量

- ・左の四角の中のミカンとモモを、どちらもリンゴと同じ数にするには、右のどのお皿を合わせるとよいですか。合うものを選んで○をつけましょう。

3 系列完成

- ・印が決まりよく並んでいます。イチゴのところには、どの印が入るとよいですか。すぐ下の四角の中から選んで、○をつけましょう。

4 構成

- ・左端の形を4つ合わせてできているものを、右側から選んで○をつけましょう。下まで全部やりましょう。

5 絵の記憶

(Ａのみ全体を20秒見せた後隠し、Ｂのみを見せる)
- ・1段目です。上の絵にも下の絵にもあったものに○をつけましょう。
- ・2段目です。上の絵だけにあったものに○をつけましょう。
- ・3段目です。下の絵で、ゴールしていた動物に○をつけましょう。
- ・4段目です。下の絵で、かけっこが一番遅かった動物に○をつけましょう。

6 観察力（同図形発見）

- ・左端のお手本と同じものを、右側から選んで○をつけましょう。

7 言語

- ・1段目です。上から言っても下から言っても同じ名前になるものに○をつけましょう。
- ・2段目です。名前を続けて2回言うと、手をたたいたときの音になるものに○をつけましょう。

・3段目です。四角の中の絵をしりとりで全部つなげたとき、最後になるものに○をつけましょう。

・4段目です。名前の中に伸ばす音が入っていないものに○をつけましょう。

8 常 識

・1段目です。小川にすんでいるものに○をつけましょう。

・2段目です。（駅のホームに入ってくる電車の音が流れる）今の音と仲よしの仕事の人に○をつけましょう。

・3段目です。サッカーをしている様子の影に○をつけましょう。

・4段目です。マスクの正しいつけ方に○をつけましょう。

考査：第二次

集団テスト | クーピーペンやはさみなどの道具は持参したものを使う。

🎨 制作・行動観察（輪投げ）

・Ｂ４判のピンクの画用紙が用意される。モニターに映し出される指示に従い、画用紙を折って輪を作る。

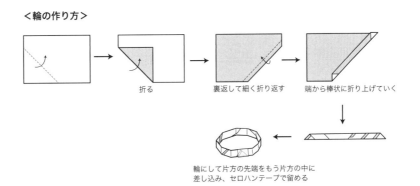

<輪の作り方>
折る　　裏返して細く折り返す　　端から棒状に折り上げていく

輪にして片方の先端をもう片方の中に差し込み、セロハンテープで留める

・制作で作った輪で輪投げをして遊ぶ。９本の的棒がついた的が用意されており、輪がかかった的棒の数字が得点となる。

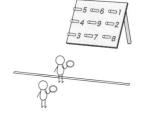

🔲 絵画・生活習慣

- 紙皿が用意される。クーピーペンで紙皿に好きなおかずの絵を描く。
- ビー玉3個、木製のサイコロ1個の入ったおわんと割りばしが用意される。食前のお祈りをした後、おわんに入ったビー玉とサイコロを、おかずの絵を描いた紙皿に割りばしで移す。その後片づけの際、次の制作で使用する割りばしを1本だけ残しておく。

🔲 制作・行動観察（魚釣り）

- クリアフォルダに入った魚の台紙、輪ゴム、クリップ（釣りやすいように広げてある）、ひもが各自に用意される。魚の台紙にクーピーペンで体の模様を描いた後、外側の線に沿ってはさみで切り取り、口の部分の裏側に輪ゴムをセロハンテープで留める。ひもの片方の端にクリップを結んで留め、もう片方の端を割りばしに巻きつけてセロハンテープで留め、釣りざおにする。残ったごみは机の上の指示された場所に置く。

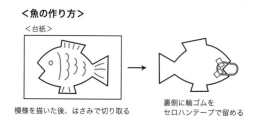

- 4人1組に分かれて、制作で作った魚と釣りざおを使って魚釣り遊びをする。床にかかれた大きな円を池に見立て、その中に各自が作った魚とテスターが用意した金色や銀色の魚を入れ、釣りざおで釣って遊ぶ。池の周りにはフープが置かれていて、各自が指定されたフープの中に立って行う。

運動テスト　　1人ずつ行う。

🔲 模倣体操

笛の音に合わせて、モニターに映るテスターのお手本と同じように体を動かす。

🔲 ボール投げ上げ・ボール投げ・受け

持参した新聞紙を丸めてボールにする。その場でボールを投げ上げ、3回手をたたいてからキャッチする。その後、テスターを目がけて投げたり、投げ返されたボールを受けたりする。

🏊 ジャンプ

指示された場所を、グーパージャンプで進む。行きは、グーのときは足を閉じ両腕を体の前で交差させ、パーのときは両手足を広げる。帰りは、手と足の動きを逆に（足がグーのときは手をパーに、足がパーのときは手をグーに）しながら進む。

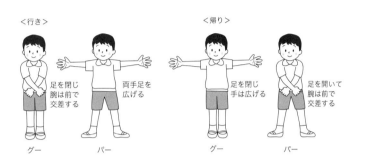

🏊 連続運動

スタートからケンケンで進み、途中で1回その場で回ってから、さらに指示された場所まで進む→上げたももの下で手をたたきながらスキップで戻る。

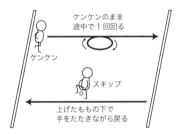

保護者面接	父親と母親のどちらが答えてもよいとあらかじめ言われる。また先に答えた方の話を踏まえ、もう片方に「いかがですか」「どう思われますか」と続けてたずねられることもある。

保護者

・志望動機をお聞かせください。

・私立学校に通わせるデメリットは何ですか。

・学校側とお子さんとの話が食い違う場合には、どのように対応されますか。

・ご家庭で大切にしている言葉は何ですか。

・お子さんが交通系電子マネーを内緒で使っていたら、どのように対応されますか。

・ご夫婦お互いの尊敬できるところ（よいところ、誇れるところ）をお聞かせください。

面接資料／アンケート	Ｗｅｂ出願後に郵送されてくる作文用紙に記述し、配達日指定で返送する。

作文テーマ（400字）

「登下校中の児童が騒いでいます。その児童の保護者は近くにいますが注意しません。この様子を見て、どのように思い、その場でどう対応されますか。なぜそうするのか、その理由もお書きください」

1

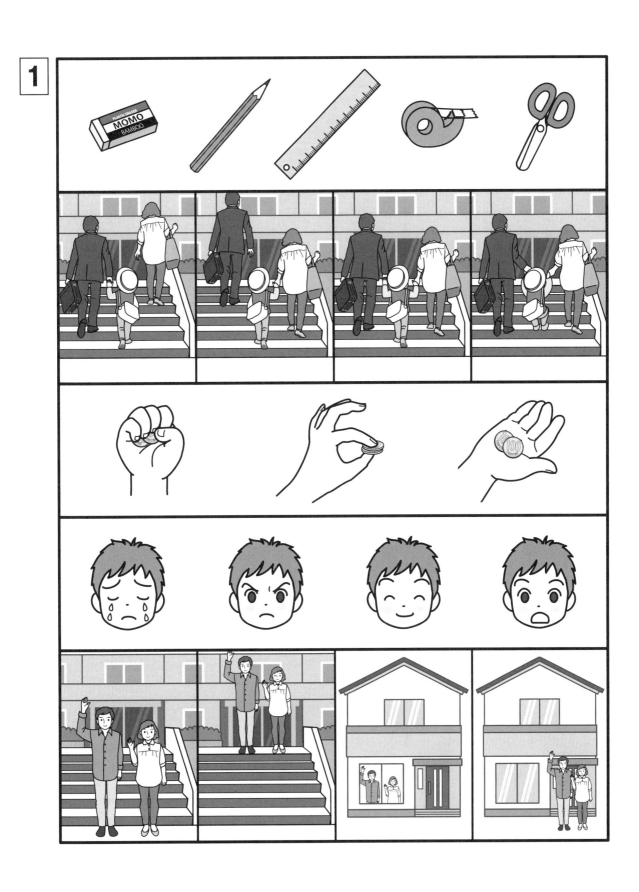

2

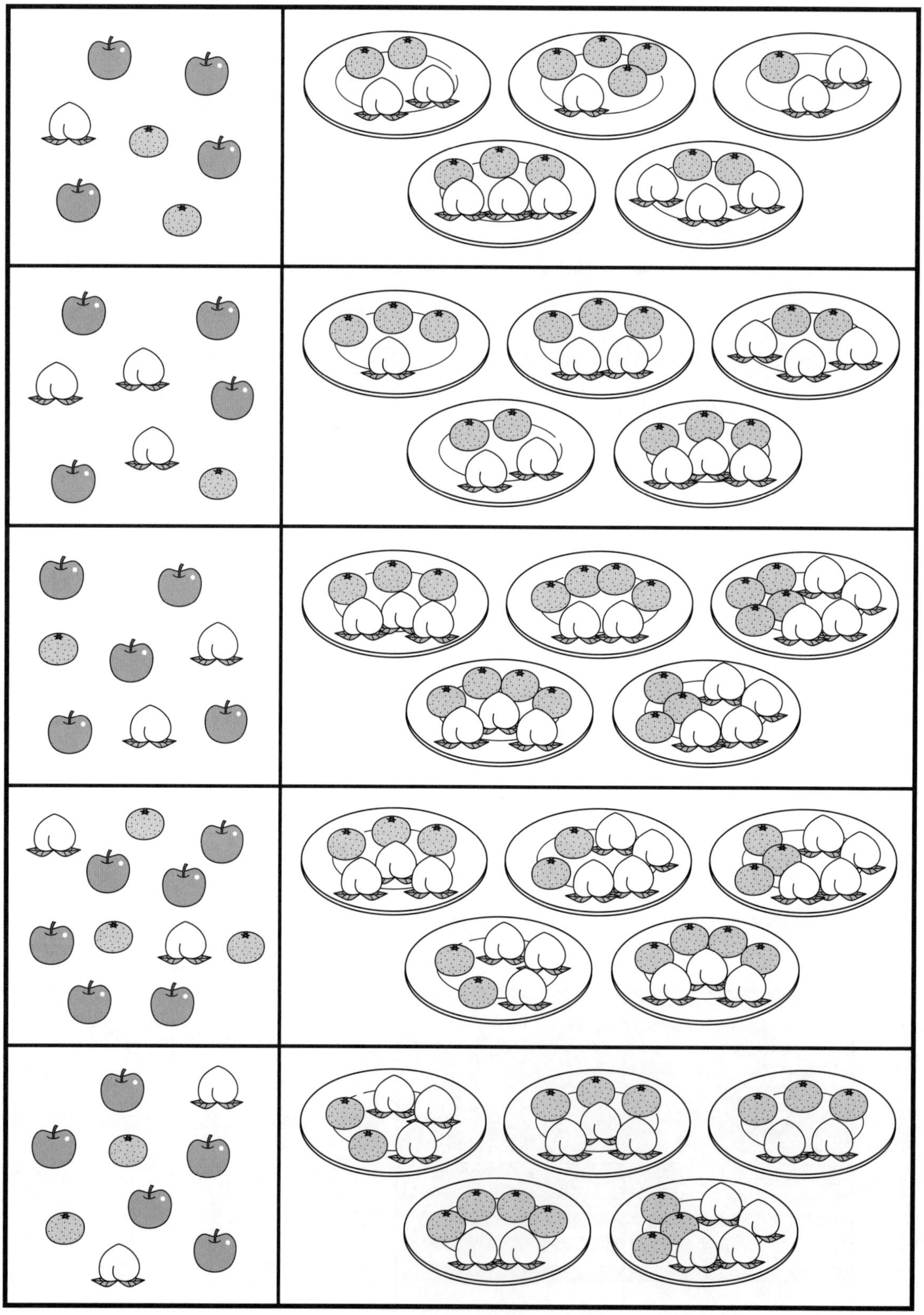

3

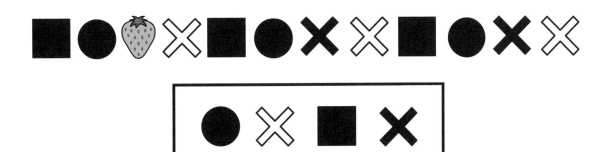

4

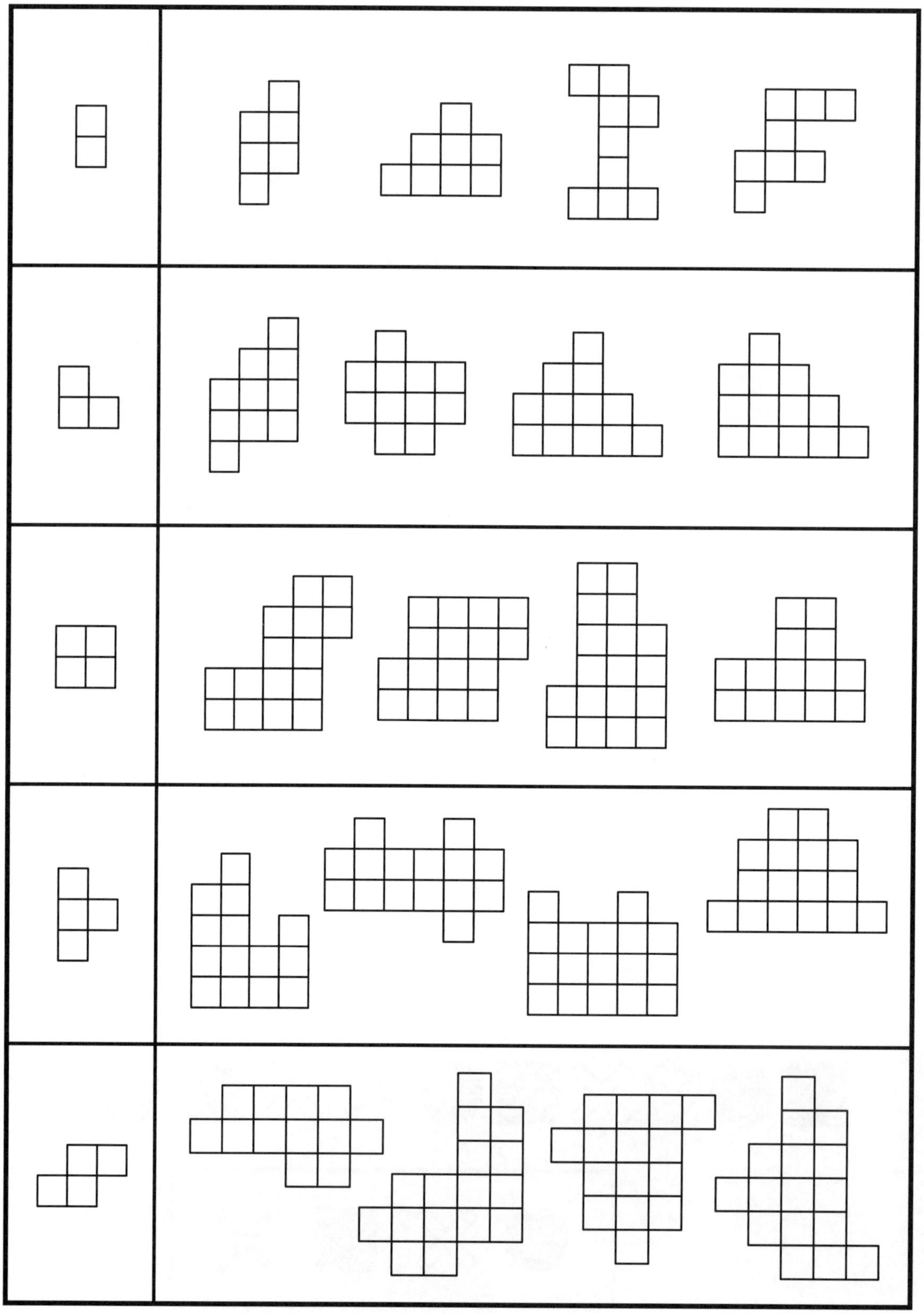

6

7

8

2021　暁星小学校入試問題

■ 選抜方法

| 第一次 | 考査は１日で、生年月日順（今年度は４月生まれから）で指定された受験番号順に、20人ずつのグループでペーパーテストを行い、192人を選出する。所要時間は約30分。 |

| 第二次 | 第一次合格者を対象に、保護者面接と８人単位で集団テスト、運動テストを行う。所要時間は約１時間30分。 |

考査：第一次

■ ペーパーテスト ┃ 筆記用具は赤のクーピーペンを使用し、訂正方法は // （斜め２本線）。出題方法は音声。

1 話の記憶

「たろう君はお父さん、お母さんの３人家族です。今日は雲一つないよい天気なので、たろう君は公園でお友達と遊んでいました。お昼ごはんの時間になると、お友達はお父さんが迎えに来て帰ってしまいました。『もうちょっと遊びたかったのに、つまらないな』と思いながら、たろう君もお家に帰ることにしました。前に、お母さんから『たろうが生まれたときはとてもよい天気だったのよ』と聞いたことがあったので、『僕はこんな日に生まれたのかなぁ』と思いながら歩いて帰りました。お家に着くと、玄関からお部屋にいるお父さんが見えました。大きな声で『ただいま』と言いましたが、お父さんは分厚い本を読んでいて気づかないようです。今度は台所に行ってお母さんに『ただいま』と言うと、お母さんは『おかえりなさい』と言ってくれました。たろう君はお母さんに、『僕が生まれたときの話を聞かせて』と頼みました。お母さんは『ずいぶん前のことね』と言うと、丸いいすに座って話してくれました。『今日みたいに、よく晴れた５月のことよ。たろうは病院で生まれたの。そのとき、お父さんは病院の隣の公園でたろうが生まれるのを待っていたんだけど、たろうはとても大きな声で泣いたので、公園にいるお父さんにも聞こえたんですって。気がついたお父さんは急いで病院に向かったんだけど、その日は強い風が吹いていて、病院の外に揚がっていたこいのぼりが落ちてきて、走っていたお父さんの顔に当たってしまったの。それでお父さんは転んで尻もちをついてしまったんですって。そうそう、お母さんが生まれたばかりのたろうと一緒にベッドで寝ていると、病院の部屋の窓に小鳥が３羽飛んできて、まるでおめでとうと言っているみたいに歌い始めたのよ』。そのうちに、お友達が公園で野球をしている声が聞こえてきました。『お父さんは今、た

ろうが生まれたときのアルバムを夢中になって見ているわ。さっきからずっと写真を見ているのよ。お友達が遊んでいる声が、公園の方から聞こえてくるわね。お昼ごはんを食べたら、遊んでいらっしゃい』。うれしくなったたろう君はごはんを食べ終えると、また元気よく遊びに行きました」

・このお話の日の天気に〇をつけましょう。
・たろう君が公園から帰ろうとしたときの顔の様子に〇をつけましょう。
・たろう君が生まれた日、お父さんはどうして転んでしまったのでしょうか。そのときの様子に〇をつけましょう。
・たろう君が生まれた日、お母さんが病院の窓から見たものに〇をつけましょう。
・お母さんのお話を聞いてから、たろうくんがまた遊びに行くときの顔の様子に〇をつけましょう。

2 推理・思考（比較）

・それぞれの段で、白いところと黒いところが同じ広さの四角を選んで〇をつけましょう。

3 観察力

・左端がお手本です。お手本と同じものが同じ数だけ描いてある四角を、右から選んで〇をつけましょう。

4 構　成

・左端がお手本です。お手本の中の線をなぞると、なぞり方によっていろいろな形ができますね。一番上の段を見ましょう。お手本の線のうち太い線をなぞると、右の形のうち丸がついている形ができます。このように、お手本の中の線をなぞってできる形を、右側から選んで〇をつけましょう。

5 推理・思考（回転図形）

・左端にかかれた形を、すぐ右上にあるサイコロの目の数だけ矢印の向きにコトンと倒すとどのようになりますか。右から選んで〇をつけましょう。

6 絵の記憶

（上の絵を20秒見せた後隠し、下の絵を見せる）
・1段目です。さっきと同じ数のアヒルに〇をつけましょう。
・2段目です。ウマの上に乗っていたものに〇をつけましょう。
・3段目です。クマがかぶっていた帽子に〇をつけましょう。

- ・4段目です。さっき見た絵にはいなかった動物に○をつけましょう。
- ・5段目です。アシカが持っていたボールに○をつけましょう。

7 言　語

- ・1段目です。この中のものをしりとりでつなげたとき、1つだけつながらないものに○をつけましょう。
- ・2段目です。名前の中に伸ばす音があるものに○をつけましょう。
- ・3段目です。名前の中に「プ」の音があるものに○をつけましょう。
- ・4段目です。名前の音の数が1つだけ違うものに○をつけましょう。

8 常　識

- ・1段目です。秋に咲く花に○をつけましょう。
- ・2段目です。（童謡「うみ」のメロディーのみが流れる）今聞いた歌に出てくるものに○をつけましょう。
- ・3段目です。お家に帰って最初にすることに○をつけましょう。

考査：第二次

集団テスト ┃ クーピーペンやはさみなどの道具は持参したものを使う。

9 模　写

- ・左のお手本と同じになるように、マス目に印をかきましょう。

10 巧緻性・指示の理解

- ・リンゴのところです。青のクーピーペンで、縦に3つ同じ大きさの丸をかきましょう。
- ・バナナのところです。赤のクーピーペンで、できるだけ大きな丸をかきましょう。
- ・イチゴのところです。オレンジ色のクーピーペンで、星の中を塗りましょう。
- ・ブドウのところです。黒のクーピーペンで大きな丸をかいたら、その中にできるだけ大きな三角をかきましょう。さらにその中に、できるだけ大きな丸をかきましょう。

🔲 生活習慣

クリアフォルダ、大きさや絵がそれぞれ異なる8枚の絵カードが各自に用意される。8枚の絵カードにはそれぞれ、ゾウ1頭、ゾウ2頭、ゾウ3頭、イヌ1匹、イヌ2匹、イヌ3匹、青いコップ、赤いコップが描かれている。

- ・青いコップのカード、ゾウが描かれたカード全部、イヌ2匹のカードを、下から大きい

順に重ねていきましょう。残りのカードはクリアフォルダに入れましょう。

巧緻性

ドミノ牌が7個、各自に用意される。
・7個のドミノを机の上に縦に積み上げましょう。

制作（公園作り）・言語（発表力）

公園のお手本が2人に1つ用意され、各自に緑の画用紙、柵が描かれた台紙、薄いピンク
の紙、白い画用紙が用意される。お手本と同じになるように公園を作る。台紙から柵をは
さみで切り取り、セロハンテープで緑の画用紙に立つように貼りつける。薄いピンクの紙
を、片方の長辺を少し残して筒になるように丸め、セロハンテープで留める。残した長辺
の部分を背もたれにしてベンチにし、緑の画用紙の上に貼りつける。白い画用紙に、公園
にある好きな遊具をクーピーペンで描く。描き終えたらテスターに渡し、緑の画用紙に貼
りつけてもらう。制作の後、グループのほかのお友達の作品を見て、それぞれのよいとこ
ろ、またもっとよくするにはどうしたらよいかなど、自分の意見を発表する。

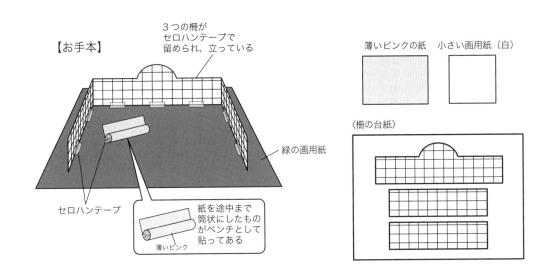

制作・行動観察（紙飛行機作り・飛ばし）

各自にA5判の紙が1枚用意される。黒板に紙飛行機を作る工程の写真が掲示される。
・音声で流れる指示を聞き、掲示された写真を見ながら紙飛行機を作る。

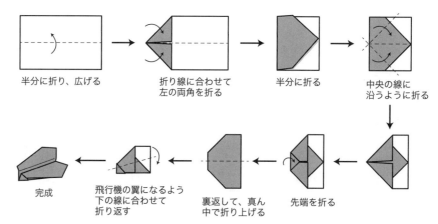

＜紙飛行機の作り方＞

半分に折り、広げる　　折り線に合わせて　　半分に折る　　中央の線に
　　　　　　　　　　　左の両角を折る　　　　　　　　　沿うように折る

完成　　飛行機の翼になるよう　　裏返して、真ん　　先端を折る
　　　下の線に合わせて　　中で折り上げる
　　　折り返す

・紙飛行機を作った後、受験番号順に４人ずつの２チームに分かれる。各チーム１人ずつ、スタートラインから同時に紙飛行機を飛ばし、より遠くへ飛ばした方の勝ち。全員終えた後、勝った人数が多いチームの勝ちとなる。

🔖 集団ゲーム

テスターと全員でジャンケンをする。勝ったらそのままジャンケンを続け、負けとあいこのときは座る。最後まで残った人の勝ち。

運動テスト

🔖 連続運動

　１人ずつ行い、８人全員が６分間で終えることを目標にする。その場でもも上げ20回→ジグザグケンケン→床に置かれた板の上をはみ出さないように歩く→反復横跳び→線の上をクロスステップ（進行方向に対して体は横向きで、進む方向の脚を軸にしてもう片方の脚を前後にクロスさせながら進む）。

保護者面接

父　親

・カトリック教育を行ううえで、宗教行事に参加できますか。
・お子さんがけがをして帰ってきたら、父親としてどのように対応しますか。
・コロナウイルスによって生活様式が変わってきた中で、変わらなければならない点と変

えてはいけない点があると思いますが、どのようにお考えですか。

・夫婦間で教育方針にずれが生じた場合、どのように解決しますか。

母　親

・宗教行事に参加できますか。

・「やられたらやり返す」という考えについて、どのように思いますか。

・小学校から男子校に通うことについては、問題ありませんか。

・お子さんにはどのように育ってほしいですか。

・夫婦間で教育方針にずれが生じた場合、どのように解決しますか。

・テーマ作文について一言お聞かせください。

面接資料／アンケート

Ｗｅｂ出願後に郵送されてくる保護者作文用紙に父母それぞれが記述し、指定日までに返送する。

作文テーマ（それぞれ500字）

父：志望動機をお書きください。

母：メールやLINE等のSNSによる保護者間の交流について、どのようなメリット・デメリットがあるとお考えですか。

1

2

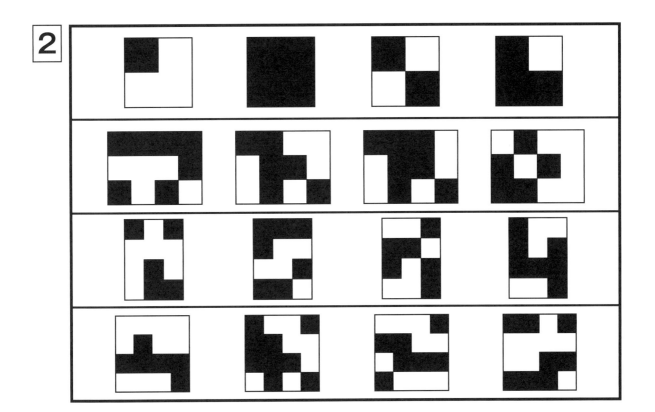

3

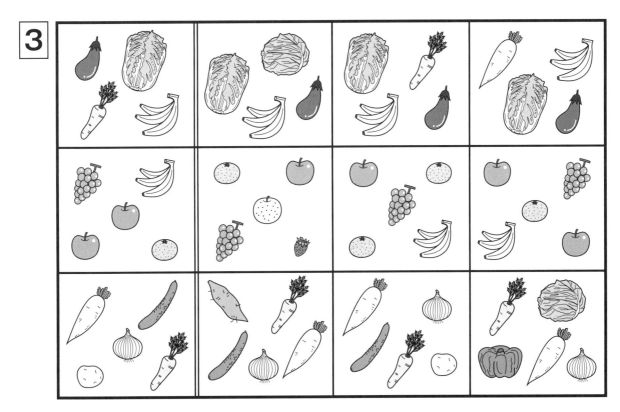

4

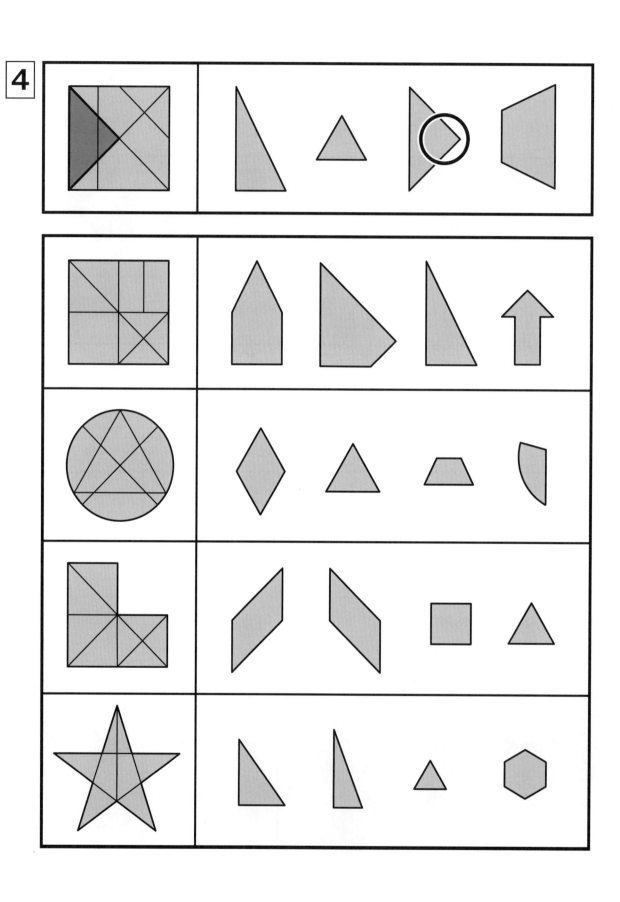

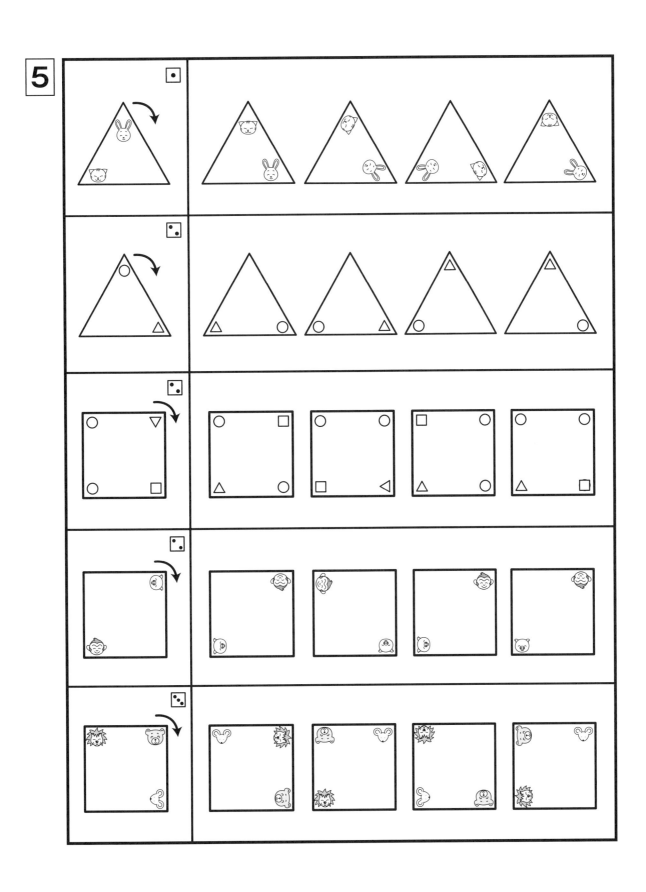

7

8

2021

9

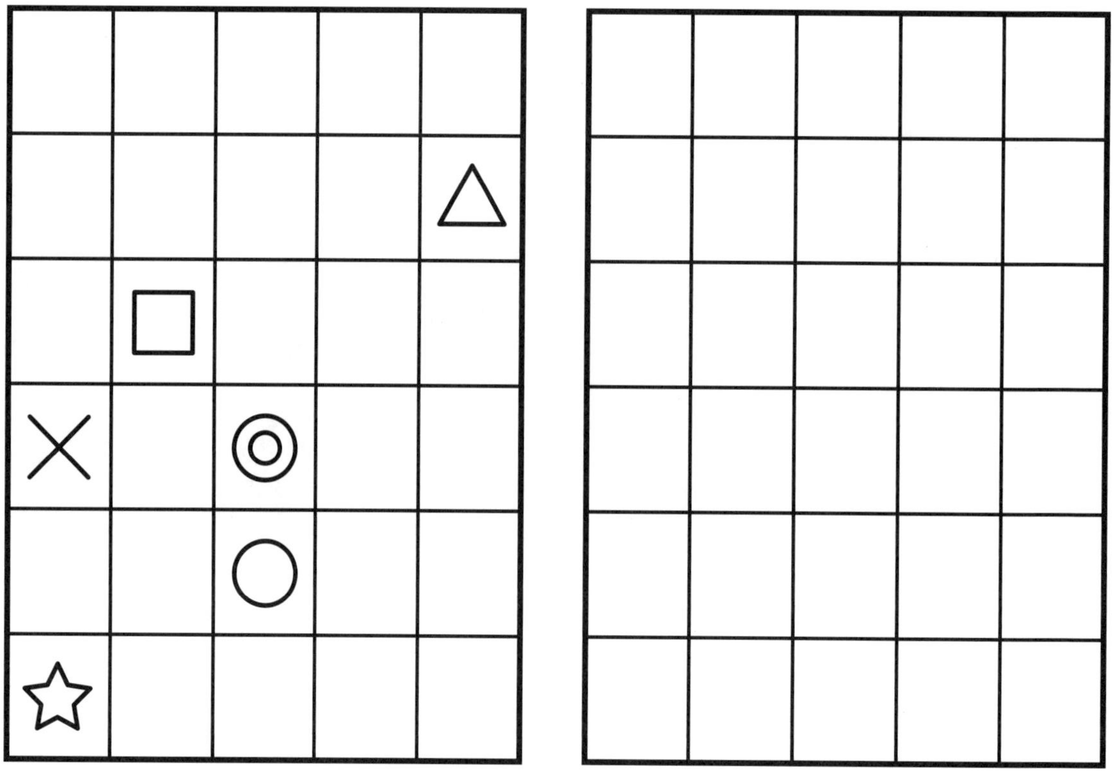

				△
	□			
×		◎		
		○		
☆				

10

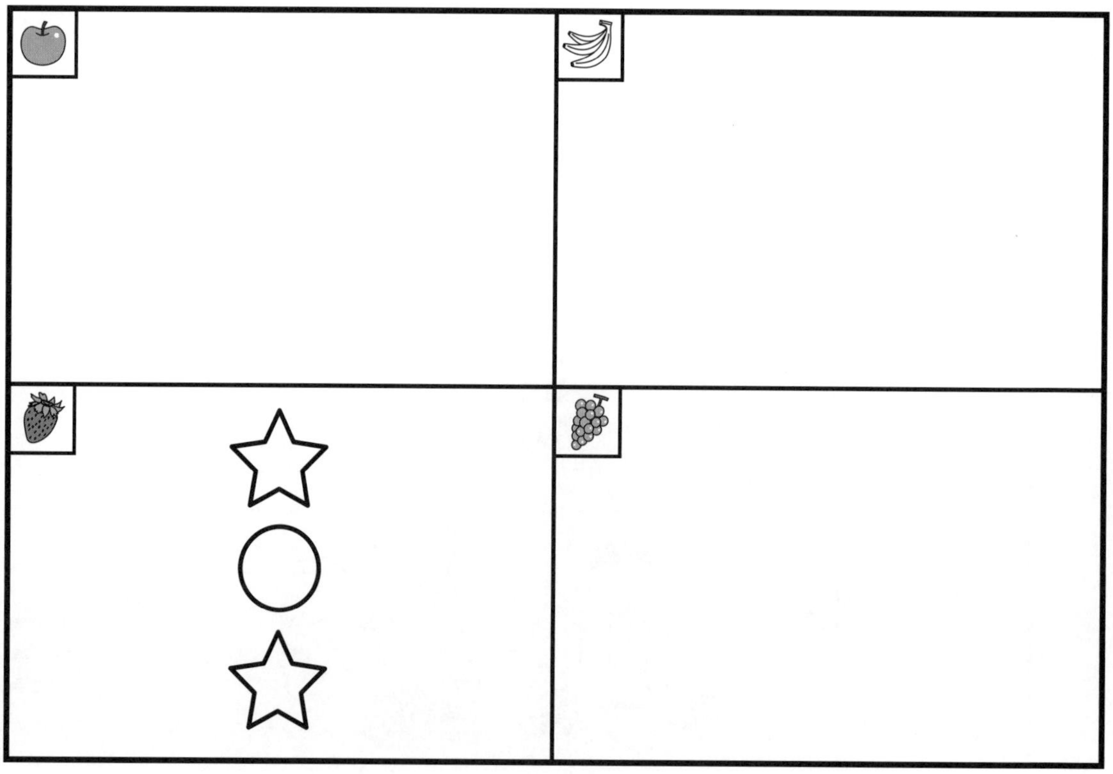

section
2020 暁星小学校入試問題

■ 選抜方法

第一次	考査は１日で、生年月日順（今年度は４月生まれから）で指定された受験番号順に、20人ずつのグループでペーパーテストと運動テストを行い、196人を選出する。所要時間は１時間10分〜30分。
第二次	第一次合格者を対象に、親子面接と28人単位で集団テストを行う。所要時間は約１時間30分。

考査：第一次

ペーパーテスト　筆記用具は赤のクーピーペンを使用し、訂正方法は // （斜め２本線）。出題方法は音声。

1 話の記憶

「ウサギのピョンタはいつものように早起きをして、散歩に出かけました。朝から気持ちよく晴れて、よいお天気です。空を見上げると、１羽のツバメが飛んでいます。黄色いアゲハチョウが葉っぱの上に産んだ卵のそばで、生まれてくる幼虫を今か今かと楽しみに待っていました。ピョンタが通りかかったちょうどそのとき、卵から幼虫が生まれてきてアゲハチョウは大喜びです。ピョンタもうれしい気持ちでその様子を見ていると、なんとハチが飛んできました。お尻の針で幼虫を刺そうとしたので、ピョンタは『危ない！』と言って手をパタパタ振って、ハチを追い払いました。また歩き始めると、川にやって来ました。渡れるところがないか辺りを見回しましたが、どこにも橋はありません。川の真ん中には大きな石があります。そこまでジャンプできれば向こう岸までうまく渡れそうですが、石はぬれていてすべりそうです。どうしようかと迷いましたが、ジャンプが得意なピョンタはその石までジャンプしてみることにしました。『よーし！』一度後ろに下がると手をグッと握って体に力を込め、ピョンタは勢いよく走って石までピョーンとジャンプしました。そして石に着地するなり、続けて向こう岸までジャンプしました。向こう岸に着いたときに勢い余って転んでしまいましたが、ピョンタはなんとか川を渡ることができました。またしばらく歩いていくと、今度は森の入口までやって来ました。入ると二度と出られないと言われているほどの森で、中は真っ暗です。ピョンタは引き返そうとしましたが、そこにカブトムシが飛んできました。『あっ、カブトムシだ！』カブトムシを追いかけて、なんとピョンタはそのまま森の中へ入ってしまいました。カブトムシを捕まえようとしているうちに、どんどん辺りは暗くなり、そのうちにカブトムシどころか何も見えなくなり

ました。どの方向から入ってきたかもわからないので、帰ることもできません。ピョンタはとうとう泣き出してしまいました。すると、そこへ1匹の黄色いアゲハチョウが飛んできました。アゲハチョウはまるで『見て！』と言っているかのように、ピョンタの周りをぐるぐる飛び回りました。それに気づいたピョンタは、今度はそのアゲハチョウに誘われるように後を追いかけていきました。するとだんだん辺りが明るくなってきて、森の出口が見えてきました。こうしてピョンタは、無事に森から出ることができました」

・お話の中で、ピョンタが初めに見た生き物に○をつけましょう。
・ピョンタが森の出口を探しているときの顔に○をつけましょう。
・アゲハチョウがピョンタを助けた理由に合う絵に○をつけましょう。
・4枚の絵をお話の順番になるように並べ替えたとき、3番目になる絵に○をつけましょう。
・お話の季節と仲よしのものに○をつけましょう。

② 数量（分割)

・左端の子どもたちが持っている果物を全部合わせてみんなで仲よく分けると、1人分はどのようになりますか。正しいものを右から選んで○をつけましょう。

③ 推理・思考

・左端の絵で黒い歯車が矢印の向きに回ると、白い歯車はどのように回りますか。正しいものを右から選んで○をつけましょう。

④ 構　成

・左端の白い紙と黒い紙を、それぞれの上に載っているはさみの数だけ切ってバラバラにします。その後で組み合わせたとき、どうしてもできないものを右から選んで○をつけましょう。

⑤ 絵の記憶

（上の絵を20秒見せた後隠し、下の絵を見せる）
・1段目です。誰もかぶっていなかった帽子に○をつけましょう。
・2段目です。誰も持っていなかったボールに○をつけましょう。
・3段目です。手を挙げていた人と同じ数のリンゴに○をつけましょう。
・4段目です。眼鏡をかけていた人と同じ数のリンゴに○をつけましょう。

⑥ 観察力

・アリがアメにたどり着けない迷路を選んで○をつけましょう。

7 言語・常識

- ・1段目です。動物の名前が入っているものに○をつけましょう。
- ・2段目です。よくないことをしている様子の絵に○をつけましょう。
- ・3段目です。（「こいのぼり」のメロディーが流れる）この歌に出てくるものに○をつけましょう。
- ・4段目です。このようにはならないシーソーに○をつけましょう。
- ・5段目です。次のマークが表すもののうち、地震のときに使ってはいけないものに○をつけましょう。

運動テスト

かけっこ

2人ずつ走ってコーンを回り戻ってくる。

ジグザグドリブル

2人1組で行う。コーン3本の間をボールでドリブルしながらジグザグに進み、一番遠いコーンを回ってスタート地点に戻る。

ボール投げ上げ・ボール投げ

ドッジボールをその場で投げ上げ、3回手をたたいてからキャッチする。その後、壁に貼られたフープを目がけてドッジボールを投げる。投げたボールは自分で取りに行く。

連続運動

コーンとコーンの間をケンケン→床にジグザグに置かれたフープの中を両足跳びで進む。

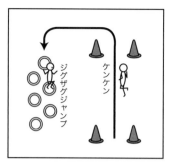

考査：第二次

集団テスト

🔲 生活習慣

7人ずつのグループで行う。塗りばしで右側の透明な入れ物に入っている小豆をつまんで、左側の青い入れ物に移す。

8 生活習慣

7人ずつのグループで行う。立ったままで机の中から道具箱を取り出し、机の横に置かれたかばんの中に入っている本、タオル、靴下、筆箱、お弁当箱、バンダナを、お手本と同じになるように道具箱の中に片づける。片づけ終わったら、テスターがわたす校内着を着ていすに座る。「やめ」と言われたら校内着を脱いでテスターに返す。

9 巧緻性

7人ずつのグループで行う。おにぎりが3個描かれたお弁当箱の台紙、折り紙（黄緑、オレンジ色、白、黄色）各1枚、液体のり、はさみ、のりづけ用の下敷きにする紙が用意されている。お手本を見た後、お手本と同じになるように黄緑の折り紙でレタスを、オレンジ色の折り紙でウインナーソーセージを、白と黄色の折り紙でゆで玉子を作り、台紙のお弁当箱の中に貼る。レタスは手でちぎり、ウインナーソーセージとゆで玉子ははさみで切って作る。

🔲 行動観察

7人ずつのグループで行う。
・円形に引かれた線の上を歩く。テスターが吹く笛のリズムに合わせて、走ったりスキップしたりする。笛がピーッと長く鳴ったら止まる。前の人を抜かさない、ぶつからない

というお約束がある。

・円形に並んでひざ立ちになり、ボールを転がし合って遊ぶ。ボールをキャッチしたら1点がもらえる。ほかの人に転がってきたボールを横取りしてはいけないというお約束がある。

行動観察

4人ずつのグループで行う。

・机の上にトランプが裏返しでバラバラに置かれている。グループ内でさらに2人組に分かれ、組対抗で神経衰弱を行う。2人組で相談しながらやってもよい。

・グループの人数よりも多い数のスーパーボールや恐竜のおもちゃなどがあり、みんなで分けて持ち帰る。

自由遊び

28人で行う。マットの上に上履きを脱いで上がり、用意されたプラレール、ミニカー、サッカーゲーム、野球ゲームなどのおもちゃで遊ぶ。ただし、走っているプラレールに触ってはいけない。

行動観察

28人で行う。テスター1人対全員で、立ったまま3回ジャンケンをする。負けたら座り、勝ったときとあいこのときはそのままジャンケンを続ける。最後の1人に残ったら、恐竜のおもちゃがもらえる。

親 子 面 接

入室時にジャンケンをして、勝った順に席を決めて着席する。

本 人

・お名前を教えてください。
・幼稚園（保育園）の名前を教えてください。
・どんなときにお父さまやお母さまにほめられますか。しかられますか。

10 言語（判断力）

駅のホームの様子の絵を見せられて質問に答える。
・どんな絵ですか。
・あなたがこのようなことをしてしまうのは、どのようなときですか。
・お友達がこのようなことをしていたら、あなたならどうしますか。

・お友達に「やめよう」と言ってもやめなかったらどうしますか。

保護者

父親と母親のどちらが答えてもよいとあらかじめ言われる。また先に答えた方の話を踏まえ、もう片方に「いかがですか」「どう思われますか」と続けてたずねられる。

・（絵について答えた子どもの回答を踏まえ）お子さんのそのような様子を見たらどうしますか。
・よそのお子さんが絵のようなことをしていたらどうしますか。
・暁星小学校に期待することは何ですか。
・他校と比べて本校のどこがよいですか。
・お子さんのよいところはどのようなところですか。
・宗教行事への参加はできますか。

11 親子ゲーム

3×3のマス目がかかれた台紙、白と黒の丸いカード3枚ずつが用意されている。子どもが父と母のどちらとゲームを行うか決める。ジャンケンをして勝った方が先手となり、台紙のマス目に黒か白の丸いカードを交互に置いていく。縦か横、斜めのいずれか1列に同じ色をそろえた方の勝ち。勝敗がつくまで続け、3枚のカードを使い切った後はすでに置いたカードを動かして行う。

1

2

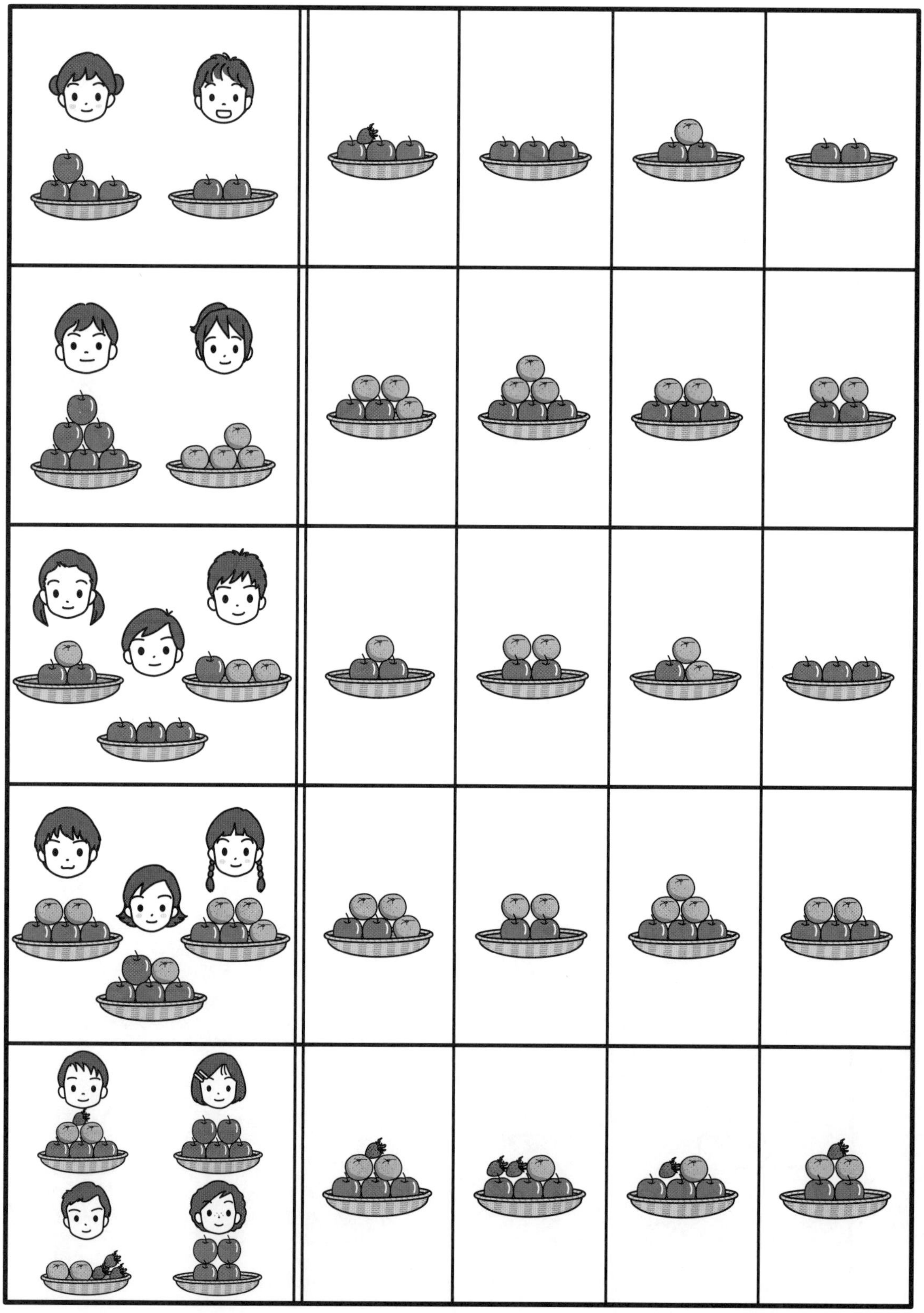

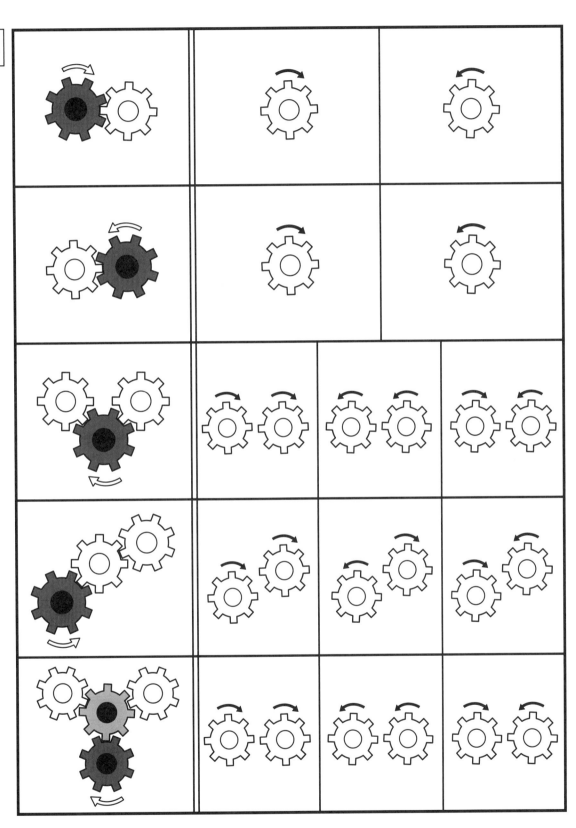

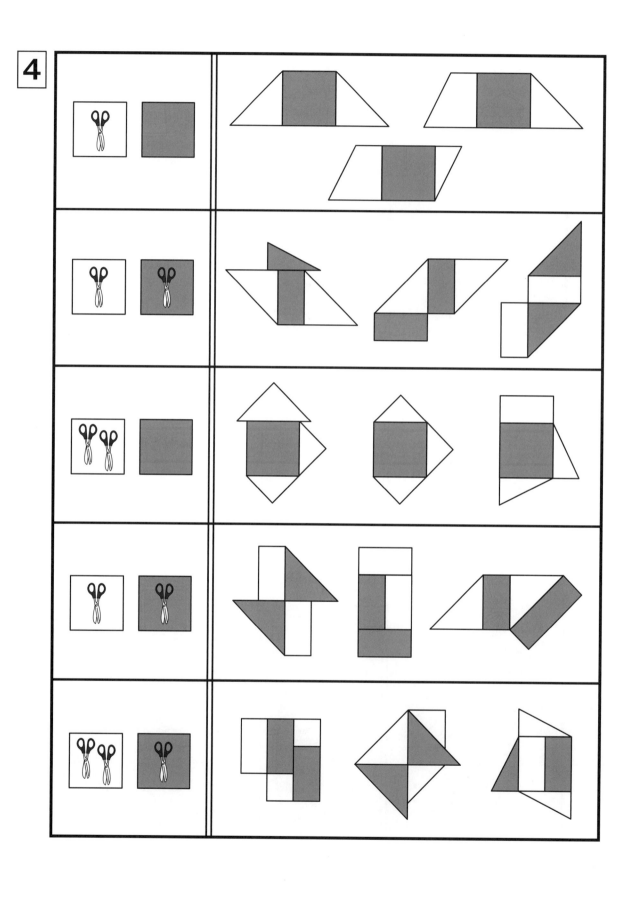

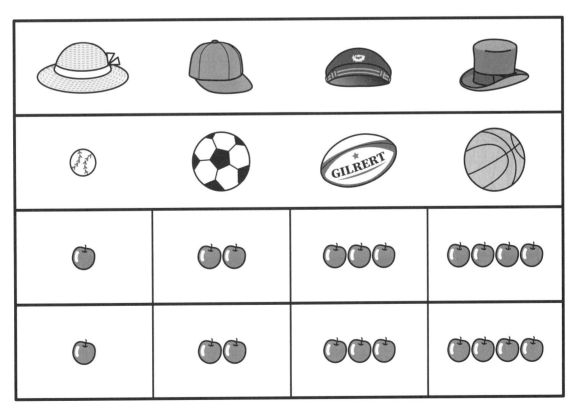

6

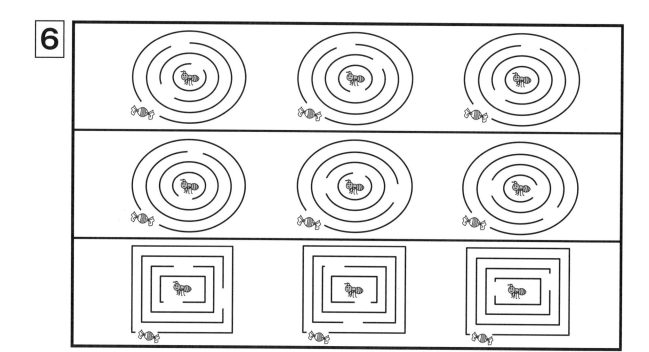

7

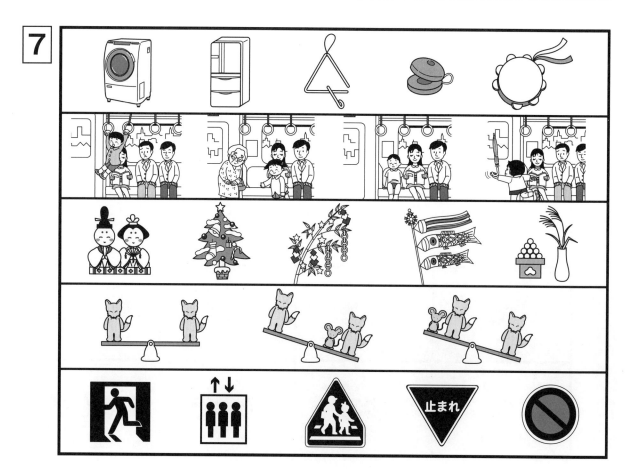

8 【お手本】

9 【お手本】

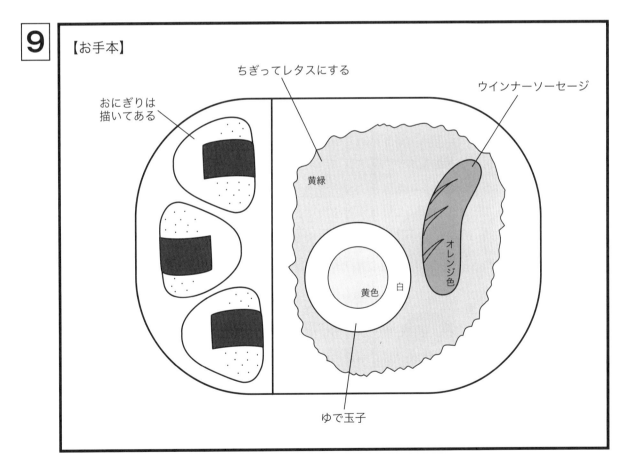

10

11

〈台紙〉

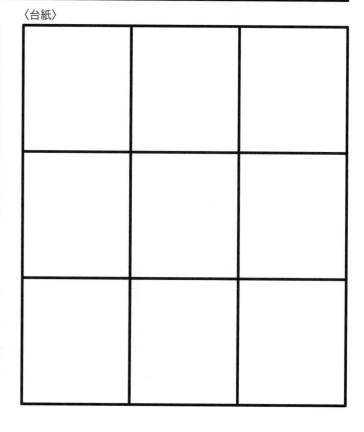

〈白と黒の丸いカード各3枚〉

section
2019 暁星小学校入試問題

■ 選抜方法

第一次	考査は1日で、生年月日順（今年度は12月生まれから）で指定された受験番号順に、20人ずつのグループでペーパーテストと運動テストを行い、196人（内部生含まず）を選出する。所要時間は約1時間10分。
第二次	第一次合格者を対象に、親子面接と28人単位で集団テストを行う。所要時間は約1時間30分。

考査：第一次

■ ペーパーテスト

筆記用具は赤のクーピーペンを使用し、訂正方法は // （斜め2本線）。出題方法は音声。

1 話の記憶

「ミーンミーンとセミの鳴き声が聞こえてきます。キツネくんは川原で石を積んで、山を作って遊んでいました。できた山にタオルを載せて、持ってきたバケツも逆さまにして載せたら、のどが渇いたので一度お家に帰りました。そこにやって来たのはクマさんでした。走って汗をかいていたクマさんは、石の山の上にバケツが逆さまに置いてあるのを見ると、そのバケツを使って川の水を頭から浴びようと思いました。クマさんはバケツを取って、代わりに手に持っていたはちみつの瓶を石の山のてっぺんに置くと、川に向かいました。頭から水を浴びて気持ちよくなったクマさんは、バケツを元通りの場所に逆さまに置きましたが、その中にはちみつの瓶を置いたままにして行ってしまいました。次に、ゾウさんがゆっくりと歩いてきました。大きなカゴにリンゴをたくさん入れています。バケツを見つけると、川の水をくんできて、持っていたリンゴをきれいに洗いました。瓶の下にタオルもあったので、洗ったリンゴをきれいにふいて、バケツと瓶、タオルを元通りに置いてから、またリンゴを持って歩いていきました。今度は帽子をかぶったロバくんが走ってきました。バケツを見つけると、川から水をくんできて帽子を取って気持ちよさそうに頭から水を浴びました。バケツを元に戻すと、その上に帽子をかぶせて、また走っていきました。キツネくんが戻ってくると、バケツが帽子をかぶっているのを見てびっくりしました。そして、バケツの中にはちみつの瓶があるのにもびっくりしましたが、きっと誰かからのプレゼントに違いないと思いました。置いていたタオルはなんだか甘いにおいがして、キツネくんは少しうれしくなりました」

- ・1段目です。お話に出てこなかった動物に〇をつけましょう。
- ・2段目です。キツネくんが川原に置いてきてしまったものに〇をつけましょう。
- ・3段目です。タオルは何のにおいがしましたか。正しいものに〇をつけましょう。
- ・4段目です。お話の季節と仲よしのものに〇をつけましょう。
- ・5段目です。石の山はキツネさんが川原に戻ったとき、どのようになっていましたか。正しいものに〇をつけましょう。

2 数量（進み方）

- ・マス目の中のウサギとカメが、それぞれの上にかかれたサイコロの目の数だけ矢印の向きに動きます。最後に止まったウサギとカメの間のマス目はいくつになりますか。同じ数のリンゴをすぐ下から選んで〇をつけましょう。下まで全部やりましょう。

3 系列完成

- ・それぞれの段で、印が決まりよく並んでいます。イチゴが描かれた四角に入るものを右側から選んで〇をつけましょう。

4 構　成

- ・左端の形は右側にある形を組み合わせてできていますが、使わないものも交ざっています。使わないものを右側から選んで〇をつけましょう。それぞれの形は、重ねないで並べて作ってください。下までやりましょう。

5 絵の記憶

（上の絵を20秒見せた後隠し、下の絵を見せる）
- ・1段目です。さっき見た絵にいなかった生き物を選んで〇をつけましょう。
- ・2段目です。絵の一番上にいた生き物に〇をつけましょう。
- ・3段目です。木に巻きついていたヘビに〇をつけましょう。
- ・一番下の段です。絵の中には、鳥は全部で何羽いましたか。その数だけ鳥が描かれている四角に〇をつけましょう。

6 言　語

- ・1段目です。しりとりでつなげたときに最後になるものに〇をつけましょう。
- ・2段目です。左の四角の中のものの初めの音をつなげると、何になりますか。右から選んで〇をつけましょう。
- ・3段目です。名前の音の数が同じもの同士に〇をつけましょう。
- ・4段目です。名前の中に、「パピプペポ」のどれかの音が入っているものに〇をつけましょう。

7 常　識

・1段目です。左端の生き物が大きくなったら何になりますか。右から選んで○をつけましょう。

・2段目です。昔話の「桃太郎」に出てくるものを選んで○をつけましょう。

・3段目です。お食事のときの正しい置き方を選んで○をつけましょう。

・4段目です。お正月に飾るものを選んで○をつけましょう。

運動テスト

かけっこ

2人ずつ走ってコーンを回り戻ってくる。

ジグザグドリブル

2人1組で行う。コーン3本の間をボールでドリブルしながらジグザグに進み、一番遠いコーンを回ってスタート地点に戻る。

ボール投げ上げ・ボール投げ

ドッジボールをその場で投げ上げ、3回手をたたいてからキャッチする。その後、壁に向かってドッジボールを投げる。

連続運動

コーンとコーンの間をケンケン→床にジグザグに置かれたフープの中を両足跳びで進む。

考査：第二次

集団テスト

8 生活習慣・指示行動

7人ずつのグループで行う。机の上に細かい紙くず、机の横にゴミ箱、教室の脇に物干しにかかったぞうきん、水の入ったバケツが用意されている。後方の机の上にスモック（前ジッパー）がある。指示は1つずつ映像で行われる。

・スモックを着て机の上の紙くずをゴミ箱に捨てましょう。

・机の上をぞうきんでふきましょう。ふいたらバケツの水でぞうきんをすすいで干してく

ださい。

- スモックを脱いで元のようにたたみ、机の中から筆箱と白い紙を出して席に着き、机の上で両手を組んで待ちましょう。
- 筆箱と紙を元通りに片づけてください。

9 巧緻性（ひも通し）

7人ずつのグループで、映像の指示を見てから行う。机の上にお手本の写真、穴の開いた板、ピンクの長い綴じひも（片方の端がかた結びされており、全体が縄跳び結びされている）、水色のボタン1個が用意されている。

- お手本と同じになるように、ピンクのひもを通しましょう。
- （黒の綴じひもが新たに配られる）どこの穴でもよいので、ひもを通してチョウ結びしましょう。

◼ 言　語

7人ずつのグループで行う。テスターから1人ずつ順番に質問をされて答える。

- 朝、何を食べてきましたか。（お友達と違うものを言うように指示される場合もある）
- お母さまの作る料理で好きなものは何ですか。
- 好きなスポーツは何ですか。

10 行動観察

7人ずつのグループで行う。無人島にいる男の子の絵と、9枚の絵カードを見せられる。

- みんなが一緒に乗っていた船が難破し、無人島に着きました。無人島には船の中にあったものから3つだけ持っていくことができます。何を持って行ったらよいか、みんなで相談してこの中から選びましょう。

◼ 行動観察（ドミノ遊び）

7人ずつのグループで行う。各グループにドミノの入った箱が用意されている。

- ドミノをできるだけ高くなるように積みましょう。「やめ」と言われたら、途中でもやめましょう。
- 向こう側からドミノを1人ずつ順番に持ってきて、線の上に矢印の向きに並べていきます。ドミノは1人3個ずつ持ってきて並べてください。もし倒れたら、倒れたものは線の横にずらして置き、倒れた場所の続きからまた並べていきましょう。「やめ」と言われたら並べるのをやめ、倒してみましょう。

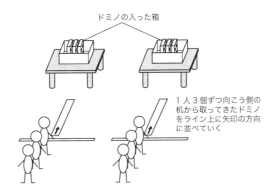

ドミノの入った箱

1人3個ずつ向こう側の机から取ってきたドミノをライン上に矢印の方向に並べていく

自由遊び

28人で行う。カーペットの上に上履きを脱いで上がり、用意されたミニカー、ゴルフセット、小さいボール、プラスチック製のバット、バドミントンセット、ドミノ、プラレール、ショベルカーなどで遊ぶ。ただし、すでに走っているプラレールに触ってはいけない。

行動観察

7人ずつのグループで行う。お土産としてスーパーボール9個と恐竜のフィギュアが用意されており、みんなで分ける（キラキラしたボール、恐竜のフィギュアなど、さまざまなものが交ぜてある）。

親 子 面 接

本 人

・お名前を教えてください。
・幼稚園（保育園）の名前を教えてください。
・どうして暁星小学校に通いたいのですか。
・（母親と自分が似ているところを聞いて）どう思いますか。

11 言語（判断力）

電車の中でふざけている子どもたちの絵を見せられて質問に答える。
・このようなとき、あなただったらどうしますか。
・あなたが「やめよう」と言ってもお友達がやめなかったらどうしますか。

父 親

・男子だけの12年間になりますが、そのことについてどのようにお考えですか。
・お子さんと何をして遊ぶのが好きですか。

母 親

・ご自身とお子さんとで、似ているところはどこですか。

・子育てでしあわせを感じるのはどのようなときですか。

・公共マナーについてどのように教えていますか。

1

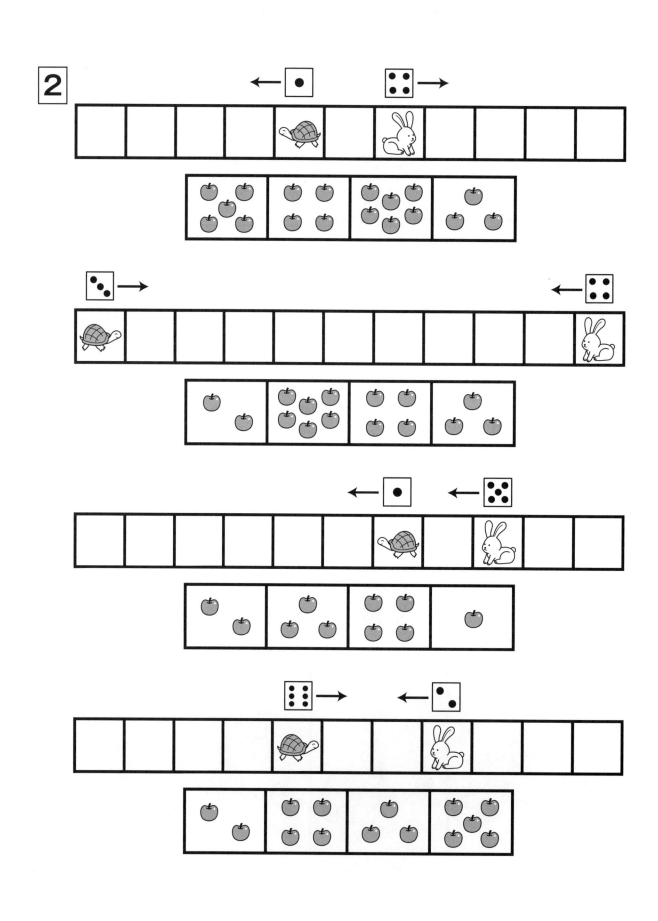

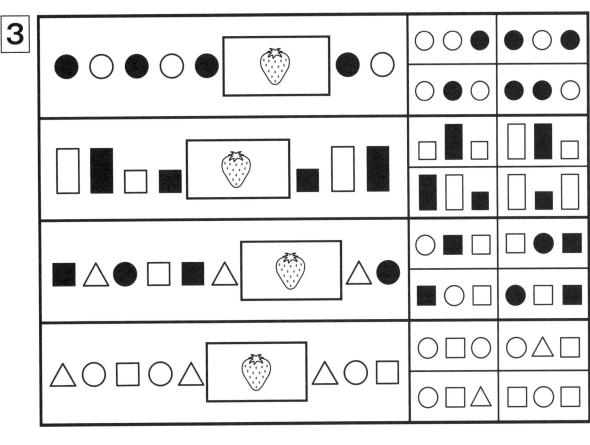

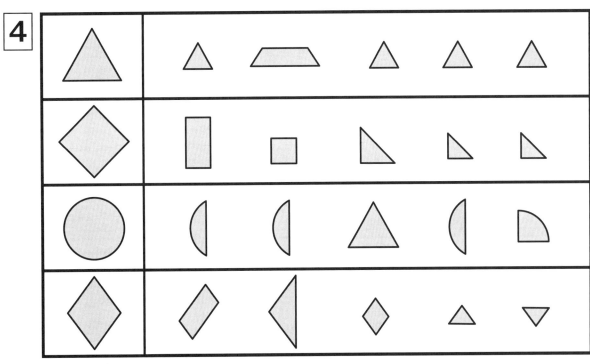

5

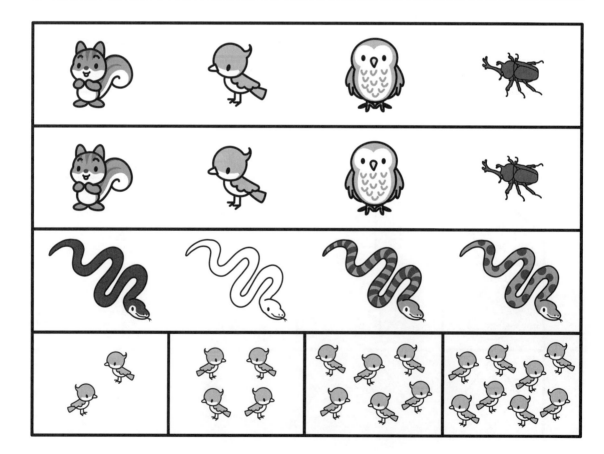

6

7

8

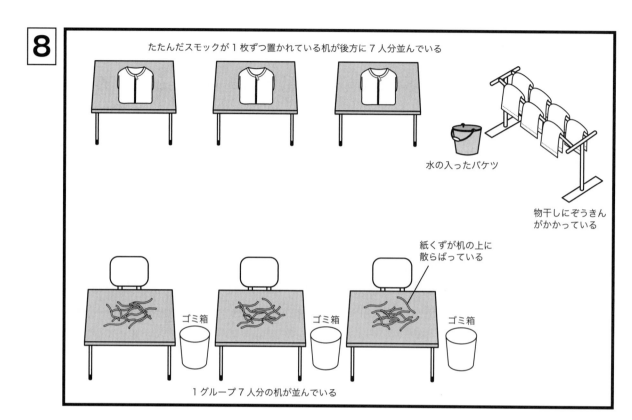

たたんだスモックが1枚ずつ置かれている机が後方に7人分並んでいる

水の入ったバケツ

物干しにぞうきんがかかっている

紙くずが机の上に散らばっている

ゴミ箱　ゴミ箱　ゴミ箱

1グループ7人分の机が並んでいる

9

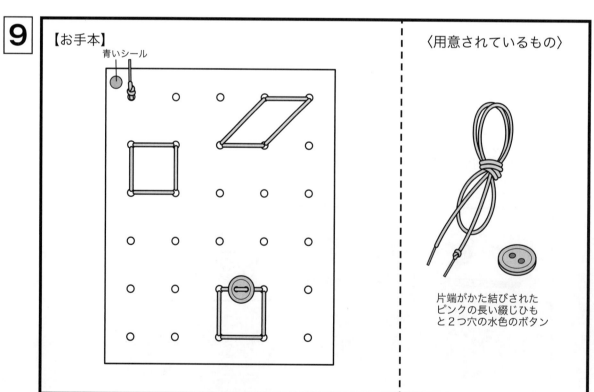

【お手本】

青いシール

〈用意されているもの〉

片端がかた結びされたピンクの長い綴じひもと2つ穴の水色のボタン

2018 暁星小学校入試問題

■ 選抜方法

| 第一次 | 考査は1日で、生年月日順（今年度は8月生まれから）で指定された受験番号順に、20人ずつのグループでペーパーテストと運動テストを行い、196人（内部生含む）を選出する。所要時間は約1時間10分。 |

| 第二次 | 第一次合格者を対象に、親子面接と28人単位で集団テストを行う。所要時間は約1時間30分。 |

考査：第一次

■ ペーパーテスト

筆記用具は赤のクーピーペンを使用し、訂正方法は // （斜め2本線）。出題方法は音声。

1 話の記憶

「この前の日曜日に、僕はお父さん、お母さんそして妹と一緒に、お父さんが運転する車で動物園に行きました。前の日までは雨が降っていてお天気が心配でしたが、日曜日はよく晴れて雲一つない青空でした。動物園に着くとすぐ、見たこともないきれいな鳥を見ました。その後キリンとゾウを見て、続けてイヌのショーを見に行きました。飼育員さんが投げるフリスビーをジャンプして上手に捕って戻ってくるイヌを見て、すごいなあと思いました。その後、ふれ合い広場に行きました。広場では、さまざまな動物たちに触ることができます。僕たちが行ったら、ちょうど飼育員さんが黄色いヘビを透明な箱から出すところでした。そして、お父さんの首にヘビを巻いてくれました。お父さんも僕もびっくりしましたが、おとなしいヘビだったので少しホッとしました。おなかがすいたので、動物園の中のレストランでお昼ごはんを食べることにしました。お父さんとお母さんはラーメン、僕はオムライス、妹はハンバーガーを注文しました。オムライスにはケチャップでネコが描いてあって、僕はうれしくなりました。デザートにみんなでアイスクリームを食べた後、また動物を見に行きました。僕が一番見たかったパンダのところに行くと、ちょうどお母さんパンダがこの前産まれたばかりの赤ちゃんパンダを抱っこしながら、一緒にササを食べているところでした。最後にコアラを見て、お家に帰りました」

・1段目です。動物園に行った日のお天気に○をつけましょう。
・2段目です。何に乗って動物園に行きましたか。その絵に○をつけましょう。
・3段目です。ヘビを首に巻いてもらった人に○をつけましょう。

・4段目です。お昼ごはんに誰も食べなかったものに○をつけましょう。

・5段目です。動物園で見たパンダに○をつけましょう。

・6段目です。動物園で見た動物に○をつけましょう。

② 数　量

・左端のおだんご全部を串に刺した様子で、正しいものを右から選んで○をつけましょう。

③ 推理・思考

白ヤギさんと黒ヤギさんがゲームをします。マス目に白ヤギさんは白丸、黒ヤギさんは黒丸を交替でかいていって、先に自分の印が3つ並んだ方が勝ちです。並び方は、縦でも横でも斜めでも構いません。では、上の段を見てください。点線の上がお手本です。まずマス目に白ヤギさんが白丸をかきました。次に、黒ヤギさんが黒丸をかきました。このように交替で自分の印をかいていって、最後に白丸が縦に3つ並んだので、白ヤギさんの勝ちです。

・点線のすぐ下を見てください。白ヤギさんが勝っているものに○をつけましょう。

・では、下の段を見てください。ブドウのところです。白ヤギさんが勝つには、どこに白丸をかけばよいですか。そのマス目に○をかきましょう。

・イチゴのところです。黒ヤギさんが勝つには、どこに黒丸をかけばよいですか。そのマス目に●をかきましょう。

④ 推理・思考（重ね図形）

・左の2枚の絵は透明な紙に描かれています。この絵をそのまま重ねると、どのようになりますか。右から選んで○をつけましょう。

⑤ 常　識

・1段目です。（「ゾウさん」のハミングを聴いて）この歌に出てくる動物を選んで○をつけましょう。

・2段目です。（「お正月」の歌を途中まで聴いて）この歌に出てくる遊びを選んで○をつけましょう。

・3段目です。左の絵は、どの果物を切ったものですか。右から選んで○をつけましょう。

・4段目です。消防車と同じ色の果物を選んで○をつけましょう。

・5段目です。ある果物について、お母さんは「甘い」、お父さんは「種がある」、子どもは「赤と緑の色がある」と言っています。合う果物を選んで○をつけましょう。

⑥ 言語（しりとり）

・左上の絵から矢印の向きにしりとりでつながるように、四角の中から1つずつ選んで○をつけましょう。

7 言語・常識

- ・「いっそう、にそう」と数えるものに○をつけましょう。
- ・「1匹、2匹」と数えるものに○をつけましょう。
- ・名前に数が入っているものに○をつけましょう。
- ・「トントン」という音に合うものに○をつけましょう。
- ・「なりたいな」と思うものになれたとき、どんな顔になりますか。合う絵に○をつけましょう。

8 構　成

- ・左の積み木をバラバラにしたものが右に描いてあります。元通りにするのに使わないものを1つ選んで○をつけましょう。

9 観察力（同図形発見）

- ・真ん中にある丸の中の絵と同じ絵を探して、○をつけましょう。

10 絵の記憶

（上の絵を約20秒見せた後隠し、下の絵を見せる）

- ・1段目です。絵の中にいなかった動物に○をつけましょう。
- ・2段目です。絵の中で一番多かった動物に○をつけましょう。
- ・3段目です。絵の中で角にいた動物に○をつけましょう。
- ・4段目です。サルの下にいた動物に○をつけましょう。

運動テスト

かけっこ

2人ずつ走ってコーンを回り戻ってくる。

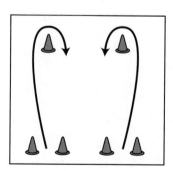

ジグザグドリブル

2人1組で行う。コーン3本の間をボールでドリブルしながらジグザグに進み、一番遠い
コーンを回ってスタート地点に戻る。

ボール投げ上げ

高いところに渡してあるロープを越えるようにボールを投げ上げ、ロープをくぐった先で
ボールをキャッチする。

連続運動

コーンとコーンの間をケンケン→床にジグザグに置かれたフープの中を両足跳びで進む。

  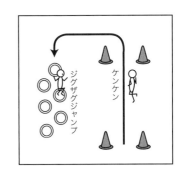

考査：第二次

集団テスト

生活習慣

6、7人1組で、映像の指示を見てから行う。机の両側にかばんがかけてある。左側の青
いかばんには図鑑、右側の黒いかばんには靴下、タオル、クーピーペンの缶、筆箱が入っ
ている。かばんの中のものを全部机の上に出し、かばんは教室の後ろにある自分の番号が
ついた棚に片づける。次に机の中から箱を出し、かばんの中から出したものを箱の中に片
づける。最後にロッカーからパジャマの上着を持ってきて着る。ここまでできたら、座っ
て手を挙げ「できました」と言う。

言語（発表力）・行動観察

6、7人1組で行う。すごろく、ケン玉、積み木、かるた、テレビゲーム、砂遊びなどが
用意されている。

・自分がやりたい遊びとその理由を1人ずつ言う。

・みんなで相談して、グループでやりたい遊びを1つ決める。

📑 行動観察（タワー作り）

4人1組で行う。折り紙とセロハンテープが用意されている。

・「やめ」と言われるまで折り紙を丸めてセロハンテープで留め、筒を作る。

・白い紙が渡され、積み方のお手本を見せられる。同じようにして筒をできるだけ高く積んでいく。

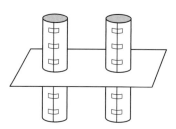

📑 行動観察

4人1組で行う。6個のキャンディーを4人で分けて持ち帰る。

📑 自由遊び

全員で行う。マットの上に上履きを脱いで上がり、用意されたプラレール、ミニカー、パワーショベルカー、バット、ボール、ゴルフセット、ドミノなどで自由に遊ぶ。ただし、マットの上の机にある走っているプラレールに触ってはいけない。

📑 行動観察（行進）

全員で行う。ヒーローに扮したテスターの指示のもと、「1・1・1・2・1・1・1・2」と掛け声をかけながら所定の位置まで全員で行進をする。

📑 巧緻性・絵画・言語

半円のかかれたB5判の台紙、貼付用のA5判の台紙、クーピーペン、液体のりが各自に用意されている。紙にかかれた半円をちぎってのりで台紙に貼り、半円の周りにクーピーペンで描き足して絵にする。描いている間（または後）に、何を描いているか（または描いたか）を質問されて答える。

親子面接　入室したら親子でジャンケンをし、勝った順に1、2、3の番号の席につく。

本　人

・お名前を教えてください。

・幼稚園（保育園）の名前を教えてください。

・なぜ暁星小学校に通いたいのですか。

・お母さまに注意されるのはどんなときですか。

・どんなお父さまですか。

11 言語（判断力）

1枚の絵を見せられて質問に答える。（ⒶⒷ2種類のうちどちらかを示される）

Ⓐ

・たろう君が積んだ三角の積み木を、隣のあきら君が取ってしまいました。もしあなたがたろう君だったらどうしますか。

Ⓑ

・たろう君が作った積み木のお城が、あきら君のけったサッカーボールで壊れてしまいました。もしあなたがたろう君だったら、どうしますか。

親子ゲーム

子どもが父母のどちらとゲームをやりたいかを決める。子どもと、対戦する方の親のそれぞれに5枚ずつ同じ絵カード（5種類の乗り物または動物）が渡される。子どもが自分の持っている中から好きな絵カードを1枚選び、伏せて机の上に置く。親は自分の持っている中から子どもが選んだと思う絵カードを1枚選んで伏せて机の上に置く。掛け声で両方の絵カードを表に返す。その後、それぞれがなぜそのカードを選んだのかを聞かれる。

父 親

・カトリック教育を選んだ理由をお聞かせください。

・受験にあたり大変だったことは何ですか。

母 親

・幼稚園（保育園）での、お子さんのお友達とのかかわり方をお聞かせください。

・男子校を選んだ理由をお聞かせください。

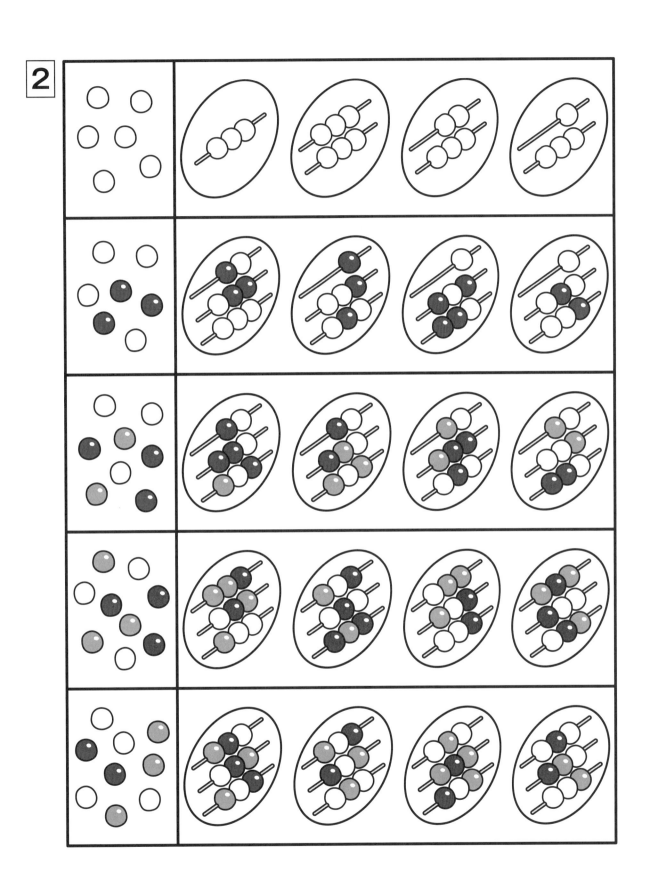

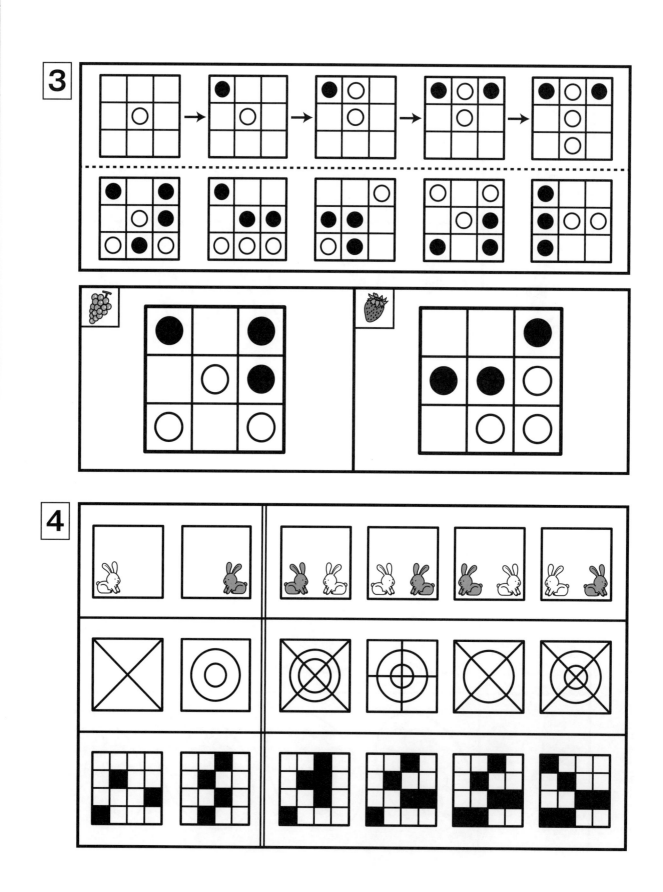

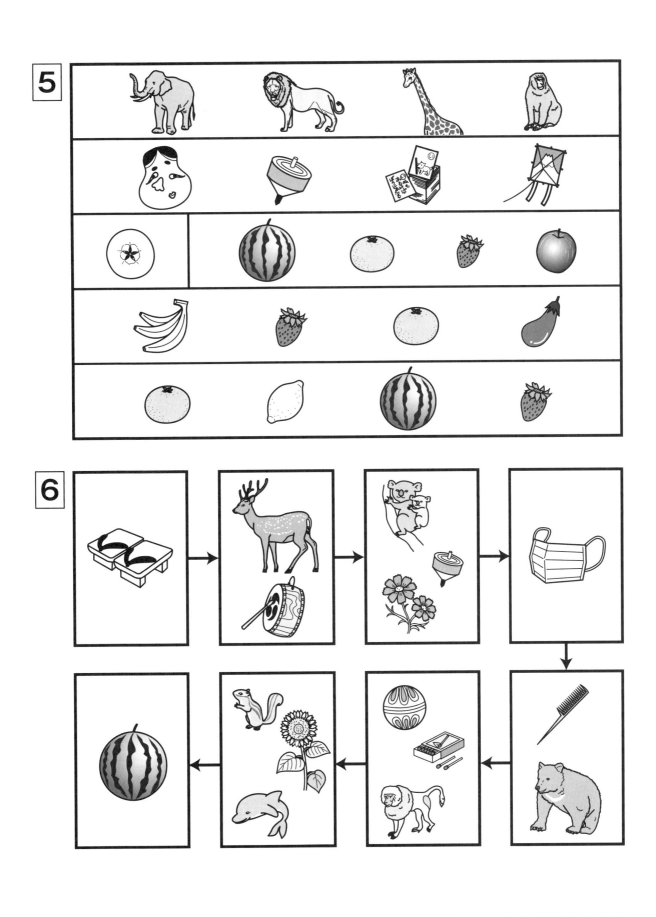

8

9

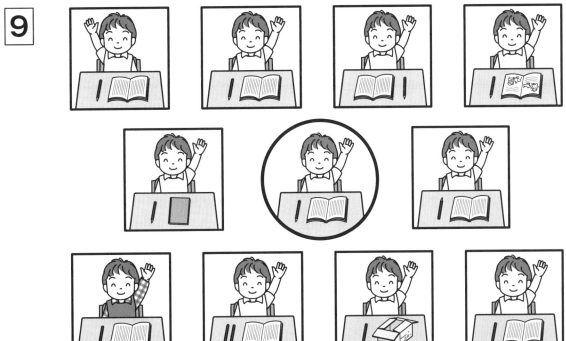

10

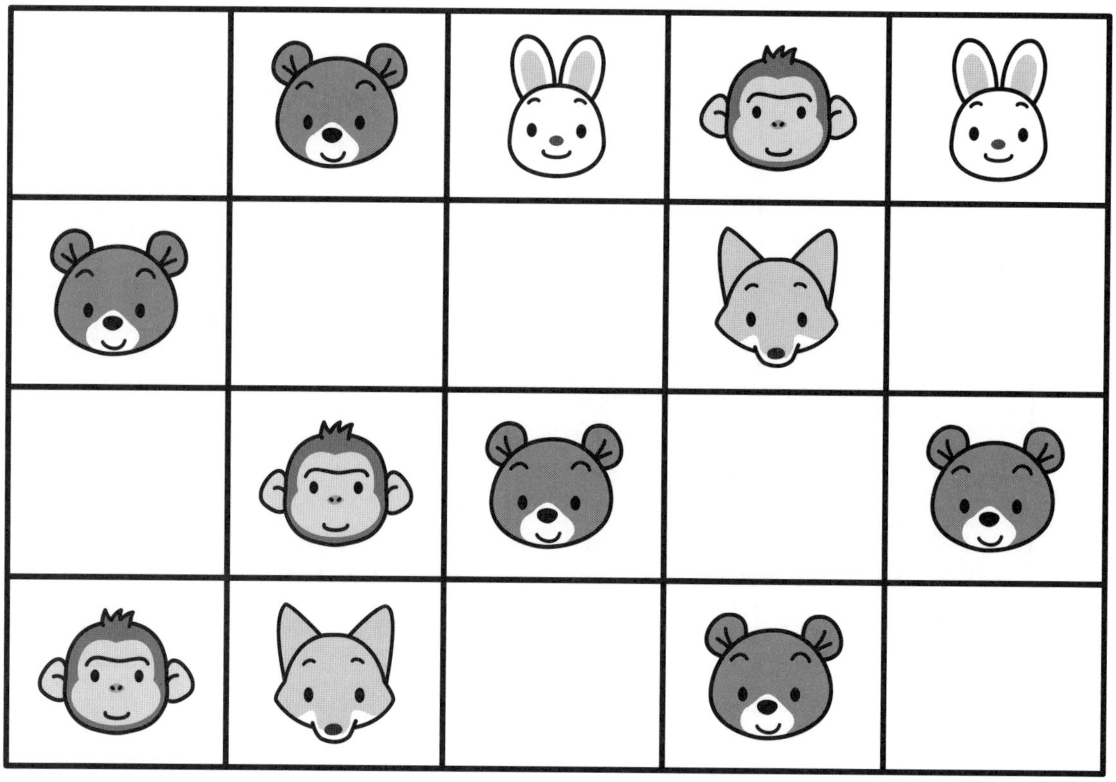

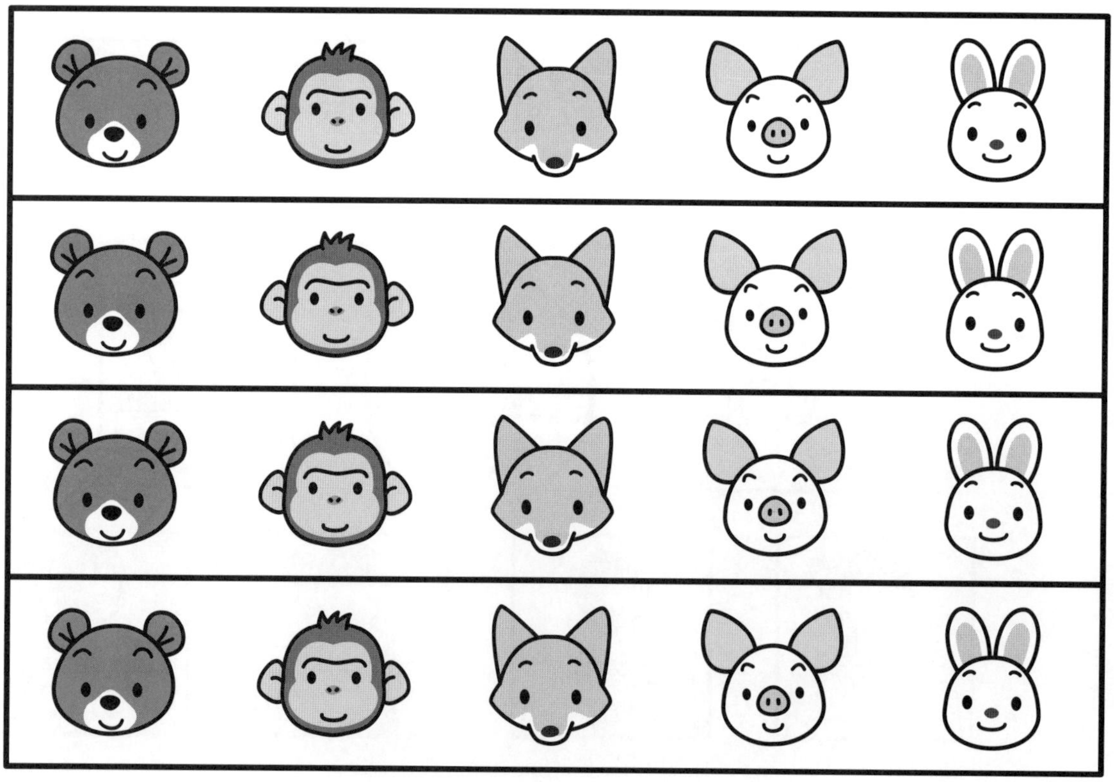

■ **選抜方法**

| 第一次 | 考査は1日で、生年月日順（今年度は4月生まれから）で指定された受験番号順に、25人ずつのグループでペーパーテストを行い、168人を選出する。所要時間は約30分。 |
| 第二次 | 第一次合格者を対象に、親子面接と24人単位で集団テスト、運動テストを行う。所要時間は約1時間40分。 |

考査：第一次

■ **ペーパーテスト** | 筆記用具は赤のクーピーペンを使用し、訂正方法は//（斜め2本線）。出題方法は音声。

1 話の記憶

　「いつも早起きのクマ君がお庭のヒマワリにお水をあげていると、お母さんに『朝ごはんができたわよ』と呼ばれました。朝ごはんはクマ君の大好きなサンドイッチでした。朝ごはんの後で本を読んでいると、お母さんが『おばあちゃんのところにこの箱を届けてくれる？　暑いから水筒と帽子を忘れないでね。橋を2つ渡って左側のお家よ。寄り道をしてはいけませんよ』と言いました。クマ君は『はーい』と箱を受け取って、元気よくおばあちゃんのお家へ向かいました。1つ目の橋を渡り右に曲がってそのまま歩いていくと、お友達のサル君とウサギさんが公園で遊んでいました。サル君に、『クマ君、どこに行くの？』と聞かれたので、『これからおばあちゃんのお家に箱を届けに行くんだ』と答えました。『僕たちは虫捕りをしているんだ。ほら、見て』。見てみると、サル君の虫カゴにはカブトムシが2匹、ウサギさんの虫カゴにはセミが1匹入っていました。『一緒に虫捕りをしようよ』と誘われたクマ君は、ベンチの上に箱を置いて虫捕りを始め、カブトムシを3匹とクワガタムシを2匹捕まえました。『わあ、すごい！　クマ君は虫捕り名人だね』とサル君とウサギさんからほめられたクマ君は、大得意です。でもそのとき、『寄り道をしてはいけませんよ』というお母さんの言葉を思い出しました。『あっ！　いけない！』とクマ君はあわてておばあちゃんのお家へ向かいました。走っておばあちゃんのお家に着いたクマ君が箱を渡すとおばあちゃんはすぐに開けましたが、中は空っぽでした。箱の中には何が入っていたのでしょうね」

・1段目です。お話の季節と仲よしの絵に○をつけましょう。

・2段目です。クマ君が食べた朝ごはんに○をつけましょう。

・3段目です。クマ君がおばあちゃんのお家に行くときに、箱のほかに持っていったものに○をつけましょう。

・4段目です。サル君とウサギさんが捕った虫が全部描いてある四角に○をつけましょう。

・下の地図を見てください。左下がクマ君のお家です。おばあちゃんのお家に○をつけましょう。

2 数量（すごろく）・話の理解

動物たちがすごろく遊びをしています。左上のマス目から矢印の向きにスタートして、右下のイチゴまで進みます。何回かサイコロを振って、それぞれの動物の顔が描いてあるところまで進みました。次にサイコロを振ったら上の段の絵のような目が出て、これから全員がその数だけ進みます。では点線の下を見てください。

・1段目です。全員がそれぞれマス目を進んだとき一番後ろにいる動物に○をつけましょう。

・2段目です。そのときキツネのすぐ後ろにいる動物に○をつけましょう。

・3段目です。そのときサルの後ろにいる動物全部に○をつけましょう。

・4段目です。そのときパンダはキツネにあといくつで追いつきますか。その数の目のサイコロに○をつけましょう。

3 推理・思考（重ね図形）

・透き通った紙にかかれた左の絵を点線のところで矢印の向きに折って重ねると、どのようになりますか。右から選んで○をつけましょう。

4 数　量

・左に描いてある子どもの数だけお皿を選んで、リンゴの数が合わせて10になるようにします。どのようにお皿を選べばよいか考えて、○をつけましょう。

5 構　成

・左の形と組み合わせると真四角になるものを右から選んで○をつけましょう。

6 絵の記憶

（上の絵を約20秒見せた後隠し、下の絵を見せる）

・1段目です。絵の中にいなかった動物に○をつけましょう。

・2段目です。絵の中にいたネズミと同じ数だけネズミがいる四角に○をつけましょう。

・3段目です。風船を持っていた動物に○をつけましょう。

・4段目です。傘の使い方を間違えていた動物に○をつけましょう。

7 常識（仲間分け）

・それぞれの段で、仲間ではないものを選んで○をつけましょう。

8 言　語

・1段目です。名前を上から言っても下から言っても同じになるものに○をつけましょう。

・2段目です。左に描いてある2つのものの名前の、初めの音と終わりの音をつなげてできる言葉を右から選んで○をつけましょう。

・3段目と4段目です。それぞれの段のものの名前をしりとりでつなげたとき、どうしてもつながらないものに○をつけましょう。2段ともやりましょう。

考査：第二次

| 集団テスト | 6人1組で行う。各自の机の上に、折り紙、絵本、黒のクーピーペン、クレヨン、液体のり、はさみ、ふきんなどが置かれている。 |

9 巧緻性・模写

机の中からプリントを取り出す。

・上のお手本と同じになるように、下の2つの四角に黒のクーピーペンで描きましょう。

巧緻性

机の中から魚の台紙（B5判）を取り出す。

・黒い線に沿って魚の形にちぎりましょう。

〈台紙〉

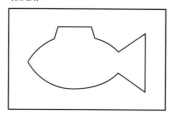

生活習慣

テスターから1人1種類ずつ片づけるものを指示される。全員の机から指示されたものを集めて指定されたカゴに入れる。

10 お話作り

2枚の絵が続けてテレビモニターに映しだされる。3人1組で続きがどうなるか相談し、

どのようなお話を作ったか3人でテスターにお話しする。話す順番は用意されているくじ
を引いて決める。

制作（輪作り）

床の上で行う。グループごとにいろいろな色の折り紙が入ったカゴ、セロハンテープが用
意されている。1人4枚折り紙を取り、テスターの指示に従って輪を2つ作る。

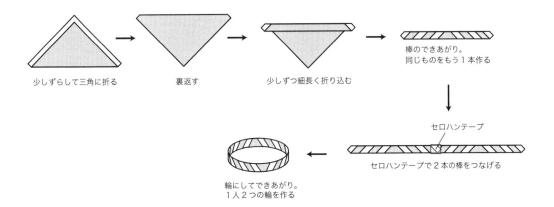

輪投げゲーム

数字が書かれた的が用意されている。制作で作った輪を使って遊ぶ。遊び方は自由（自由
遊びと並行して行われ、どちらで遊んでもよい）。

自由遊び

マットの上に上履きを脱いで上がり、用意されたドミノ、ミニカー、ゴルフゲーム、プラ
レール（棚の中のもの）で自由に遊ぶ。ただし、すでに走っている方のプラレールに触っ
てはいけない、テスターが太鼓を3回たたいたら遊ぶのをやめるようにとの指示がある。

📗 積み木運び競争

赤と白の2チームに分かれて行う。1人ずつスタートラインから積み木が置いてある場所まで走り、積み木を1つ持ってきてスタートラインのそばの四角に置く。もう1つの積み木も取りに行って四角に置いたら、同様に1つずつ積み木を元の場所に戻して、次の人に交代する（グループによっては積み木を戻すときに次の人に交代する）。

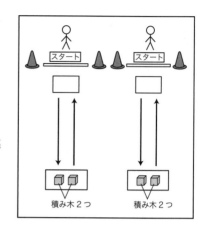

📗 ボール転がしゲーム

2チームに分かれて行う。コーンに向かってゴムボールを転がし、当たると1点の得点となる（テスターが得点数の札をめくっていく）。太鼓が3回鳴ったら終了。得点の多いチームの勝ち。

運動テスト

📗 両足跳び

床にジグザグに置かれた6つのフープの中を両足跳びで進む。

📗 ケンケン

線と線の間をできるだけ速くケンケンで進む。

📗 ボール投げ上げ

カゴの中のボールを取り、ボールを投げ上げている間に3回手をたたく（2回くり返す）。

📗 ボール投げ（遠投）

壁に向かって、ボールを片手で投げる。投げたボールは自分で取りに行き、カゴの中に戻す。

ジグザグドリブル

2人1組で行う。コーン3本の間をドリブルしながらジグ
ザグに進み、一番遠いコーンを回ってスタート地点に戻る。

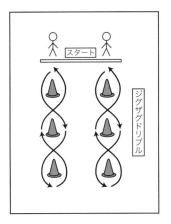

模倣体操

曲に合わせて、テレビのモニターに映るお手本のまねをして踊る。

親 子 面 接

親子ゲーム

・カードゲーム…父親と子どもそれぞれに、①～⑤の数字が書かれたカードが渡される。
カードを1枚選んで同時に出し、数の大きい方が勝ち。テスターがアヒ
ルのおもちゃを勝った方に置いてくれる。使用したカードは2人の間に
ある箱に入れる。母親は子どもの味方をし、アドバイスをしてもよい。
・当てっこゲーム…父親に5枚の絵カード（動物5種類または食べ物5種類）が渡され、
その中から1枚を選び、裏返して机の上に置く。子どもにも父親に渡
されたものと同じ5枚の絵カードが渡され、父親が選んだと思うもの
を選び、机の上に表にして置く。父親の絵カードを表に返し、当たっ
ていたら子どもの勝ち。

11 言語（判断力）

1枚の絵を見せられて質問に答える。
・あなたとお友達が2人で消防車の絵を描いていると、お友達があなたのクレヨンを使っ
ていました。あなたなら何と言いますか。

本 人

・お名前を教えてください。

・幼稚園（保育園）の名前を教えてください。

・あなたのお母さまは、どのようなお母さまですか。

・（親子ゲームの後で）どうしてその絵カードを選んだのですか。

父 親

・（親子ゲームで子どもが絵カードを選んだ理由を聞いて）お子さんの言ったことに対してどう思いましたか。

・お子さんと普段どのように接していますか。

母 親

・（絵を見て子どもが話したことを聞いて）お子さんの答えを聞いて、お母さまはどう思われましたか。実際に本人にお話ししてください。

1

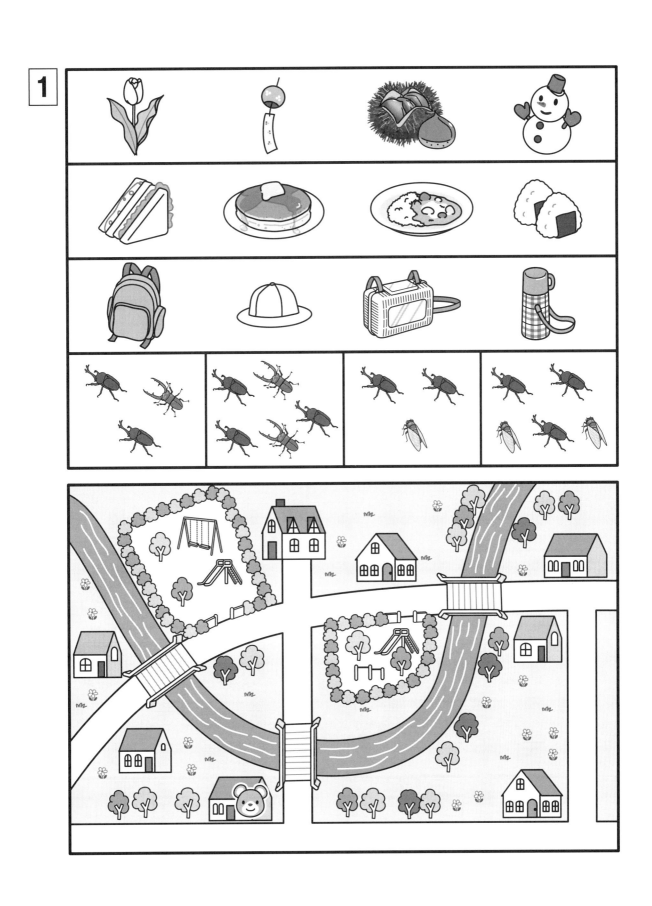

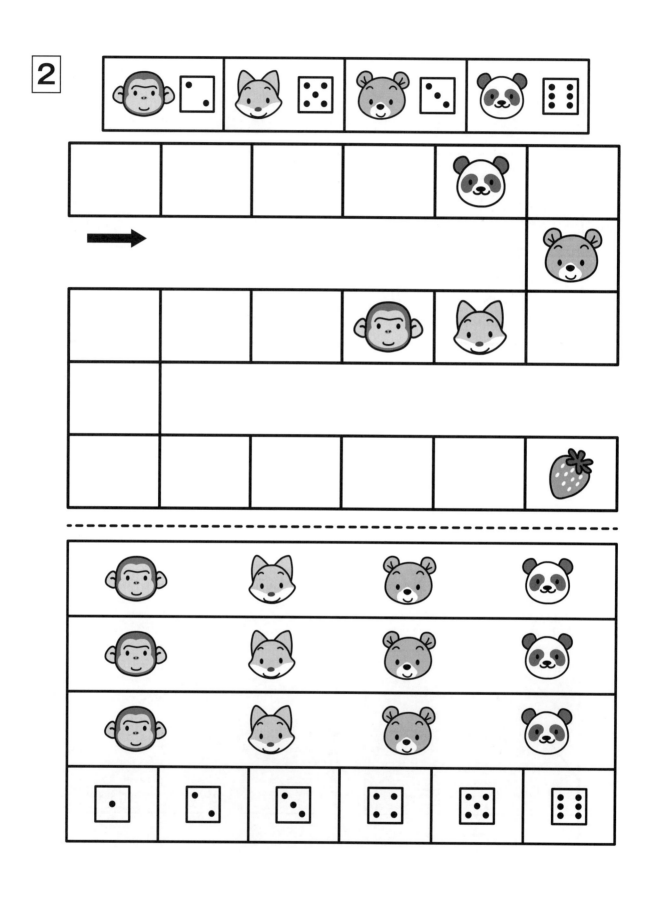

3

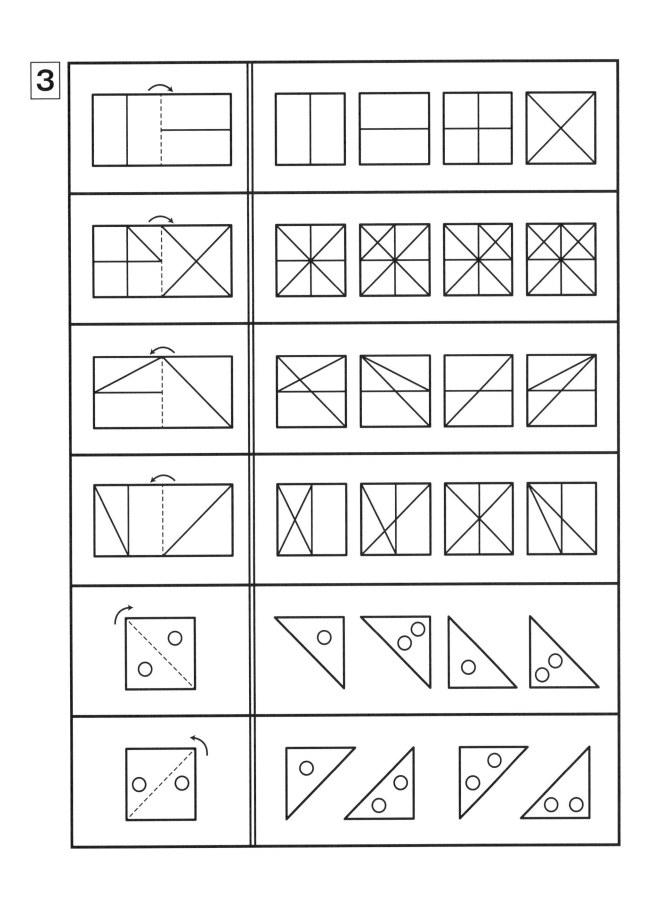

4

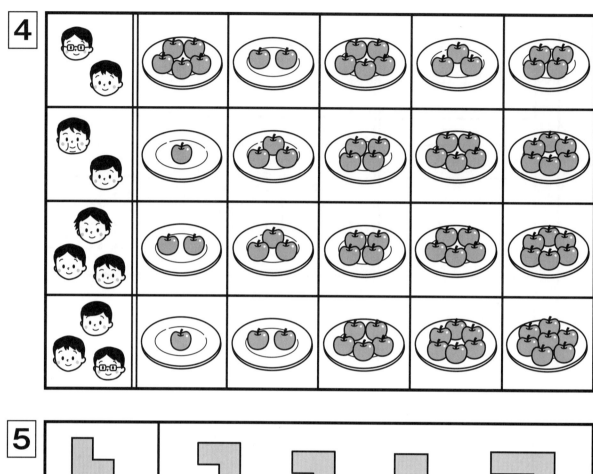

5

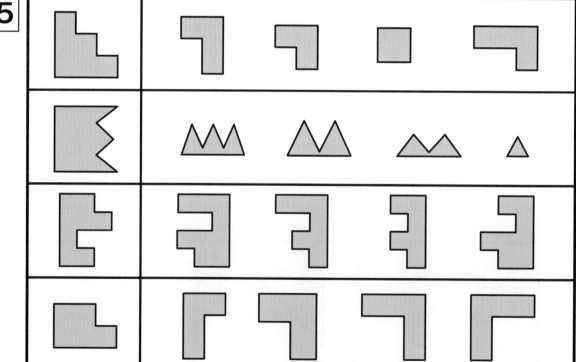

6

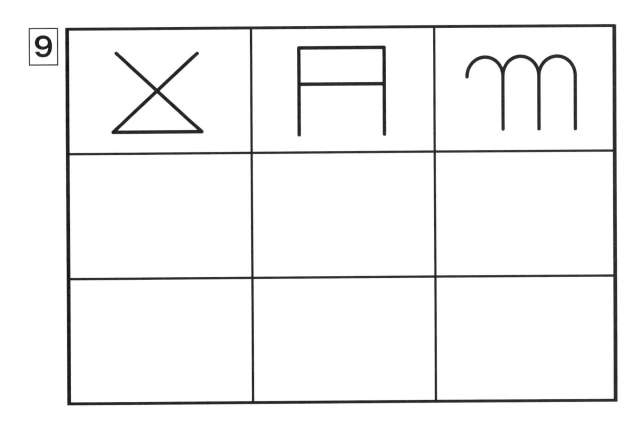

10

11

section
2016 暁星小学校入試問題

■ 選抜方法

| 第一次 | 考査は1日で、生年月日順（今年度は12月生まれから）で指定された受験番号順に、25人ずつのグループでペーパーテストを行い、160人を選出する。所要時間は約30分。 |

| 第二次 | 第一次合格者を対象に、親子面接と20人単位で集団テスト、運動テストを行う。所要時間は約2時間30分。 |

考査：第一次

▌ペーパーテスト

筆記用具は赤のクーピーペンを使用し、訂正方法は // （斜め2本線）。出題方法は音声。

1 話の記憶

「日曜日に、僕はお父さん、お母さん、おじいちゃん、おばあちゃんとバスで水族館に行きました。夏休みが終わって少し涼しくなったこの日は、雨が降って雷も鳴っていましたが、みんなで傘をさして行きました。歩きながら、水族館でどんな生き物が見たいかをお話ししました。『お父さんはサメを見たいな』『わたしはウミガメを見たいわ』とお母さんも言うので、『僕はイルカのショーを見たい』と言いました。『おじいちゃんとおばあちゃんは？』『おじいちゃんはペンギンを見たいなあ』『おばあちゃんはクラゲを見たいわ』など、楽しくお話ししていると、水族館に着きました。着いたらちょうどイルカのショーが始まるところでした。イルカは輪くぐりをしたり、ボールを口で転がしたりと大活躍をして、ごほうびに魚やイカなどの餌をもらっていました。ショーを楽しんだ後は、ウミガメを見に行きました。大きい水槽の中で、大きいウミガメと小さいウミガメが2匹ずつ、ゆっくりと楽しそうに泳いでいました。次にクラゲを見に行きましたが、水槽を掃除中で見ることができませんでした。クラゲを見たかったおばあちゃんはがっかりです。でも、その後でペンギンを見て、最後にお父さんが見たいと言っていたサメを見ました。帰りに売店でおじいちゃんに『海の生き物図鑑』を買ってもらい外に出ると、まだ雨は降っていましたが、雷はやんでいました。早く図鑑を見たいなと思いながら家に帰りました」

・1段目です。水族館に行くときのお天気の絵に○をつけましょう。

・2段目です。水族館には何で行きましたか。選んで○をつけましょう。

・3段目です。水族館で一番初めに見た生き物に○、最後に見た生き物に△をつけましょう。

・4段目です。イルカが食べていた餌に○をつけましょう。

・5段目です。水族館で見たかった生き物を見ることができなくて、がっかりした人に○をつけましょう。

・6段目です。水族館で見たウミガメの様子に○をつけましょう。

② 数量（分割）

・メロンは2個ずつ、リンゴは3個ずつ箱に入れます。左の果物を箱に入れるとき、ちょうどピッタリ入る数の箱が描いてある四角を選んで○をつけましょう。

③ 数　量

左の大きな四角の中の印を見ましょう。

・三角と黒丸の数はいくつ違いますか。その数だけ黒丸の印の横の四角に○をかきましょう。

・バツの数だけ、三角の印の横の四角に○をかきましょう。

・白丸とバツの数はいくつ違いますか。その数だけバツの横の四角に○をかきましょう。

・白丸は、三角と黒丸を合わせた数よりいくつ少ないですか。その数だけ白丸の印の横の四角に○をかきましょう。

④ 推理・思考（重さ比べ）

・左のシーソーを見て、一番重いものには○を、一番軽いものには△をつけましょう。印は右の絵につけてください。

⑤ 推理・思考（鏡映図）

・リンゴのところを見ましょう。真ん中の黒い線に鏡を置いて上の絵を映すと、下のように映ります。ミカンのところを見ましょう。次も真ん中の黒い線に鏡を置いて左の絵を映すと、その右側のように映ります。では、下を見ましょう。それぞれ左の絵の黒い線のところに鏡を置くと、鏡にはどのように映るでしょうか。右から正しい絵を選んで○をつけましょう。

⑥ 絵の記憶

（上の絵を約20秒見せた後隠し、下の絵を見せる）

・1段目です。ピザにのっていなかったものに○をつけましょう。

・2段目です。切り分けたすべてのピザに2つずつのっていたものに○をつけましょう。

・3段目です。ピザ全体に1つしかのっていなかったものに○をつけましょう。

・4段目です。切り分けたすべてのピザに1つずつのっていたものに○をつけましょう。

・5段目です。ピザの右に置いてあったものに○をつけましょう。

7 言語・常識

- ・1段目です。しりとりをするときに、言ったら負けてしまうものに○をつけましょう。
- ・2段目です。名前が2つの音でできているものに○をつけましょう。
- ・3段目です。名前の音の数が一番多いものに○をつけましょう。
- ・4段目です。掃除をするときに使わないものに○をつけましょう。
- ・5段目です。「桃太郎」のお話に出てこない動物に○をつけましょう。
- ・6段目です。1匹、2匹と数えないものに○をつけましょう。
- ・7段目です。よいことをしている絵に○をつけましょう。

8 話の理解

- ・1段目です。バナナはリンゴより重くて、ミカンはリンゴより軽いです。一番軽いものに○をつけましょう。
- ・2段目です。おじいさんはお母さんより背が高くて、お父さんよりも背が低いです。一番背が低い人に○をつけましょう。
- ・3段目です。救急車は消防車より速くて、パトカーより遅いです。一番遅いものに○をつけましょう。
- ・4段目です。ジャガイモはトマトより重くて、カボチャはトマトより軽いです。一番重いものに○をつけましょう。

考査：第二次

| **集団テスト** | 5人1組で行う。第一次合格者に所定のバッグが渡され、そこにクーピーペン、のり、はさみ、ハンカチ、ちり紙を入れて持参する。 |

9 巧緻性

（グループによって好きな色や指定された色など、クーピーペンの色の指示が異なる）
円がかかれた紙が用意されている。円の内側に、クーピーペンで少しずつ小さな円をかいていく。一番外側の線と1つ内側の線の間を塗った後、外側の線をはさみで切る。

紙飛行機大会

1人1枚の折り紙で、自由に紙飛行機を作った後、相談して代表者を2人決める。代表者のみが紙飛行機を飛ばすことができる。

箱積み競争

グループごとにさまざまな大きさの箱が用意されている。これらを1人1個ずつ順番に、

できるだけ高くなるように積み上げる。1回目終了後作戦タイムがあり、その後もう1度行う。

積み木運び競争

2組に分かれ2人ずつスタート。スタートラインから積み木が2つ置いてある場所まで走り、積み木を1つずつ持ってきて指定された場所に置く。2つとも置いたら、積み木が置いてあった元の場所に戻す。戻すときは2つを同時に戻し、次の人に交代する。

行動観察

スーパーボール7個、光る恐竜のおもちゃが1個用意されている。これらをみんなで相談して分ける。その際、ジャンケン以外の方法を使うように、などの指示を受けたグループもある。分けたものは、各自持ち帰ってよい。

自由遊び

マットの上に上履きを脱いで上がり、用意されたプラレール、ゴルフセット、ボール、ダンプカー、シャベルなどで自由に遊ぶ。ただしプラレールは見るだけで触ってはいけない、テスターが太鼓を3回たたいたらやめるようにとの指示がある。

運動テスト

連続運動

（テスターが一度すべての手本を見せる。前の人がケンケンを終えたら次の人がスタートするよう指示がある）
床にジグザグに置かれた8つの輪を両足で跳びながら進む→コーンが置かれたコースを、できるだけ速くケンケンで進む→カゴの中のボールを取り、赤のバツ印の上でボールを投げ上げている間に3回手をたたく（2回くり返す）→黄色のバツ印の上に立ち、ボールを片手でコーンに当てるつもりで投げる→自分の投げたボールを拾ってカゴに戻す→指定された場所で待機。

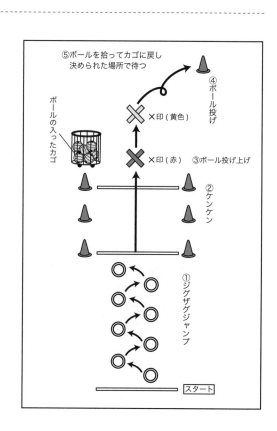

⑤ボールを拾ってカゴに戻し決められた場所で待つ
④ボール投げ
ボールの入ったカゴ
×印（黄色）
×印（赤）
③ボール投げ上げ
②ケンケン
①ジグザグジャンプ
スタート

■ ジグザグドリブル

2人1組で行う。コーンの間をジグザグドリブルし、一番遠いコーンを回ってスタート地点に戻る。

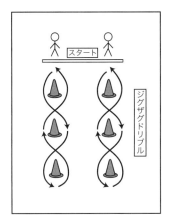

■ 模倣体操

曲に合わせて、テレビのモニターに映るテスターのまねをして踊る。

親 子 面 接

■ 親子ゲーム

父親と子どもそれぞれに、①〜⑤の数字が書かれたカードが渡される。カードを同時に出し、数の大きい方が勝ち。使用したカードは2人の間にある箱に入れる。勝つとテスターがアヒルのおもちゃを置いてくれる。母親は子どもの味方をし、アドバイスをしてもよい。

本 人

・お名前と幼稚園（保育園）の名前を教えてください。
・あなたのお父さまは、どのようなお父さまですか。
・お母さまとしたいことは何ですか。
・（親子ゲームの後で）ゲームはどうでしたか。

父 親

・お子さんに一番伝えたいことを、今、直接話してください。
・（親子ゲームの後で）今のゲームでお子さんの様子を見ていかがでしたか。

母 親

・お子さんが言った「したいこと」について、答えてあげてください。
・ご主人がおっしゃった「伝えたいこと」について、お考えを聞かせてください。

2016

1

2

2016

3

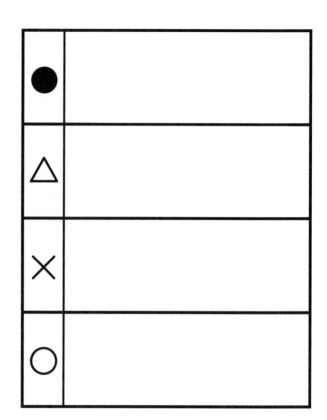

4

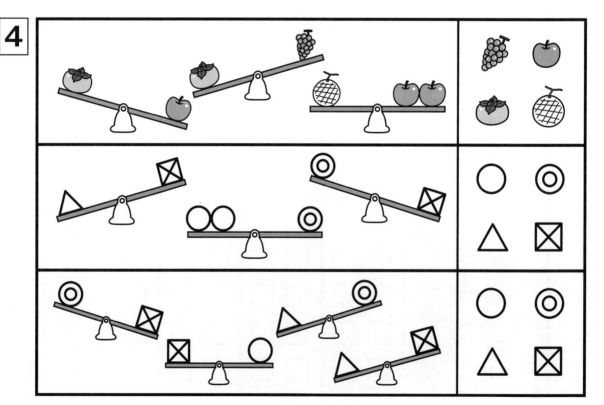

5

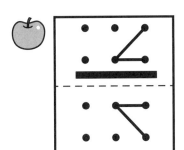
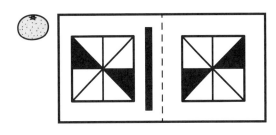

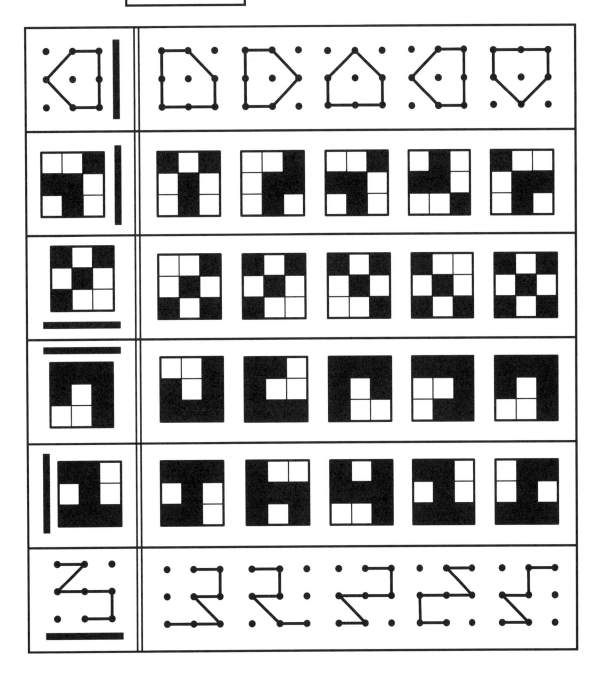

6

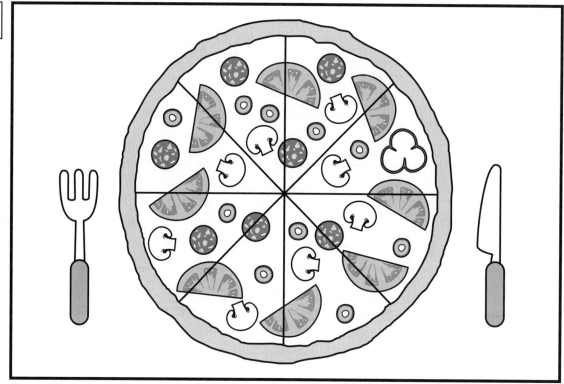

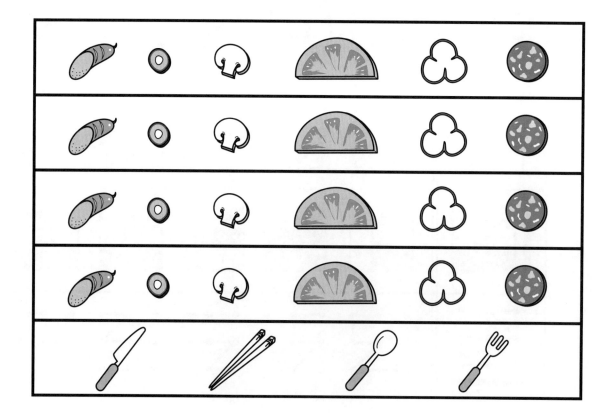

7

8

9

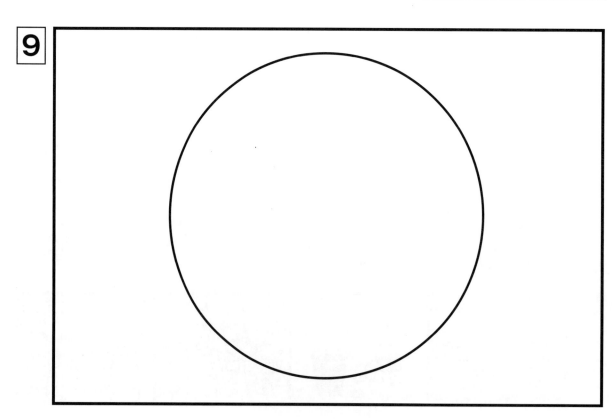

^{section}2015 暁星小学校入試問題

■ 選抜方法

| 第一次 | 考査は1日で、生年月日順（今年度は8月生まれから）で指定された受験番号順に、25人ずつのグループでペーパーテストを行い、160人を選出する。所要時間は約30分。 |

| 第二次 | 第一次合格者を対象に、親子面接と20人単位で集団テスト、運動テストを行う。所要時間は約2時間30分。 |

考査：第一次

┃ ペーパーテスト ┃ 筆記用具は赤のクーピーペンを使用し、訂正方法は //（斜め2本線）。出題方法は音声。

1 話の記憶

「ある晴れた日に、クマ君とウサギさんは噴水のある公園で待ち合わせをして遊ぶ約束をしていました。公園には大きなドングリの木があって、たくさんドングリが落ちています。2匹がドングリ拾いに夢中になっていると、焼きいも屋さんがやって来ました。『わっ、いいにおい！ 焼きいも食べたいね』とウサギさんが言いました。『僕も食べたいな』とクマ君も言い、焼きいも屋さんのところへ行きました。けれど、お金が足りなかったので、焼きいもは1本しか買えませんでした。クマ君は焼きいもをウサギさんにあげると、『これを食べててね。僕、お金を取りに行ってくるね』と言って、お家に戻っていきました。ウサギさんは焼きいもを食べながらクマ君を待っていましたが、焼きいも屋さんは、次は駅前の広場に行くと言って、行ってしまいました。『大変！ クマ君に教えてあげなきゃ』と、ウサギさんはクマ君のお家に向かうことにしました。公園の前にあるお花屋さんに『クマ君のお家はどこですか？』と聞くと『公園を出て左に曲がって真っすぐ歩いていった1つ目の角を右に曲がるとパン屋さんがあるから、そこでクマ君のお家を聞いてみてね』と教えてくれました。お花屋さんの言う通り、パン屋さんがありました。『こんにちは。クマ君のお家を知っていますか？ 教えてください』とパン屋さんに聞くと、『お店の前の道を歩いて1つ目の角を左に曲がると魚屋さんがあるから、そこでまた聞いてみてね。魚屋さんはクマ君と仲がよいから教えてくれるよ』と言いました。魚屋さんに着いたウサギさんはもう一度クマ君のお家の場所を聞きました。すると『クマ君のお家は1つ目の角を右に曲がったところの3軒目のお家だよ』と魚屋さんが教えてくれました。クマ君のお家に着いたウサギさんは、さっそく『ピンポーン！』とチャイムを鳴らしましたが、返事が

2024
2023
2022
2021
2020
2019
2018
2017
2016
2015

ありません。『もう出てしまったのかしら?』と、ウサギさんは焼きいも屋さんが行くと言っていた駅に向かってみることにしました。そのころクマ君は、お家にお金を取りに帰る途中に焼きいも屋さんに会い、クマ君のお家に近い駅に行くことを聞いていたので、お家に戻ってすぐに駅に向かっていたのです。『焼きいも屋さ～ん、3本ください!!』と、駅に着いたクマ君はお父さんとお母さんと自分の分を買いました。そこにウサギさんが『クマ君、焼きいも買えてよかったわ』と走りながらやって来ました。『ウサギさん、ありがとう。また明日一緒に遊ぼうね』と、2匹は明日は何をして遊ぶか相談しながらお家に帰りました」

・地図を見てください。クマ君のお家はどれですか。◎をつけましょう。

・地図を見てください。ウサギさんが2番目にクマ君のお家を聞いたお店屋さんはどこですか。△をつけましょう。

・地図を見てください。クマ君が2番目に焼きいもを買った場所に□をつけましょう。

・2段目です。秋のおいしい食べ物に○をつけましょう。

・3段目です。クマ君が買った焼きいもの数は全部でいくつですか。○をつけましょう。

2 推理・思考（重さ比べ）

・左側のシーソーの絵を見て、左から重い順番にかいてあるものを右側の4つの四角の中から選んで○をつけましょう。

3 推理・思考（進み方）

・上のマス目です。サルが今いるマス目から上の四角の中にかいてある矢印の順番に進むと、どのマス目に着きますか。マス目に○をかきましょう。

・下のマス目です。クマが上の四角の中にかいてある矢印の順番に進んだら、今いるマス目に着きました。最初にクマがいたマス目に○をかきましょう。

4 構 成

・左の四角の中にかいてある形がお手本です。右の四角の中の積み木を使ってお手本と同じ形を作るとき、いらない積み木をそれぞれ2つ選んで○をつけましょう。

5 絵の記憶

（上の絵を20秒間見せてから隠し、下の絵を見せる）

・1段目です。ご飯の上にあったものに○をつけましょう。

・2段目です。お弁当箱の中に入っていなかったものに○をつけましょう。

・3段目です。エビフライの右側にあったものに○をつけましょう。

・4段目です。お弁当に入っていた果物に○をつけましょう。

・5段目です。おはしの向きが正しいものに○をつけましょう。

6 観察力・話の理解

・1段目です。三角の体で片方のはさみが大きく、脚が黒いカニに○をつけましょう。

・2段目です。ボールを持っていて、髪にリボンが2つついている、半袖の洋服を着た女の子に○をつけましょう。

・3段目です。横のしま模様の体で、口がとがっていて、三角の尾びれの魚に○をつけましょう。

7 言　語

・1段目です。四角の中の絵をしりとりで正しくつなげたとき、どうしてもつながらないものがあります。つながらないものを選んで○をつけましょう。

・2段目です。左の四角の中の絵の名前には、それぞれ生き物の名前が入っています。右の四角の中から、どの絵の名前にも入っていない生き物を選んで○をつけましょう。

・3段目です。左の四角の中の絵の最後の音をつなげてできるものを、右の四角から選んで○をつけましょう。

・4段目です。左の四角の中の絵の名前の2番目の音をつなげてできるものを、右の四角から選んで○をつけましょう。

・5段目です。サルはうずうず、ネズミはうとうと、ウサギはうきうき、クマはうろうろしています。この中で眠たそうな動物に○をつけましょう。

8 常　識

・1段目です。左端の水槽に石を入れると水槽の中の水はどうなりますか。右側から選んで○をつけましょう。

・2段目です。飛ばない生き物に○をつけましょう。

・3段目です。この中で仲間ではないものを選んで○をつけましょう。

・4段目です。お行儀が悪く、してはいけないことをしている子に○をつけましょう。

考査：第二次

集団テスト　5人1組で行う。クーピーペン（青、赤、緑）が用意されている。

生活習慣

机の中から箱を取り出す。中には、クーピーペン、筆箱、小さい箱が3つ入っている。机の上には広げられたスモックが置いてある。スモックをたたんだ後、箱の中の左側にスモ

ック、右側にクーピーペンや箱などをきれいに置き整理する。

9 巧緻性

※カラーで出題。絵の中の指示通りにお手本に色を塗り、線をなぞってから行ってください。
（実際の考査では、お手本は黒板に貼ってある）
・お手本と同じになるように、足りないところをクーピーペンでかいて色を塗りましょう。

🔖 行動観察

5種類のミニカーの中から、グループのお友達と相談して自分の車を
決めた後、みんなで大きな模造紙にかかれた道の上を走らせて遊ぶ。
その後みんなで、町になるように模造紙に緑のクーピーペンで絵を描
き足す。

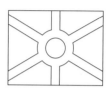

🔖 積み木運び競争

2人1組で行う。スタートラインから積み木が2つ置
いてある場所まで走り、積み木を1つずつ持って指定
の積み木置き場に走っていって置く→さらに、積み木
が置いてあった元の場所まで走り、1つずつ積み木を
戻す。

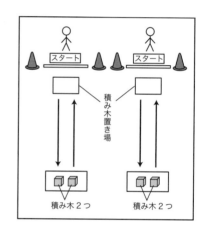

🔖 自由遊び

マットの上に靴を脱いで上がり、棚の中に入っているミニカー、黒ひげゲーム、ボール、
剣などで自由に遊ぶ。ただしマットの中央に置いてあるプラレールには触ってはいけない
と指示がある。

▌ 運動テスト ▌

🔖 連続運動

（テスターが一度すべての手本を見せる。前の人がケンケンを終えたら次の人がスタート
するよう指示がある）
床にジグザグに置かれた6つの輪を両足で跳びながら進む→コーンが置かれたコースをで

きるだけ速くケンケンで進む→カゴの中の
ボールを取り、赤のバツ印の上でボールを
投げ上げている間に3回手をたたく（2回
くり返す）→黄色のバツ印の上に立ち、ボ
ールを片手でコーンに当てるつもりで投げ
る→自分の投げたボールを拾ってカゴに戻
す→指定された場所で待機。

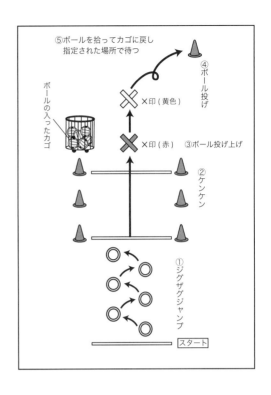

ジグザグドリブル

2人1組で行う。コーンの間をジグザグドリブルし、一番
遠いコーンを回ってスタート地点に戻る。

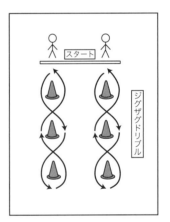

模倣体操

曲に合わせてテレビのモニターに映るテスターのまねをして踊る。

親子面接

最初に本人が呼ばれ、ジャンケンで勝った順に席を決めることを両親に説
明するよう指示される。

本人

・お名前を教えてください。
・暁星小学校について、何か質問はありますか。

・将来の夢を2つ教えてください。

10 言語（判断力）

1枚の絵を見せられて質問に答える。

・遠足に行った男の子が水筒を忘れてしまったようです。あなたがこの子だったら、どういう気持ちだと思いますか。

・こういうとき、あなたならどうしますか。

父　親

・（子どもが話した将来の夢を聞いて）お子さんの答えを聞いて、どう思われますか。

母　親

・（絵を見て子どもが話したことを聞いて）お子さんの答えを聞いて、お母さまはどのように話してあげますか。実際に本人にお話ししてください。

1

2

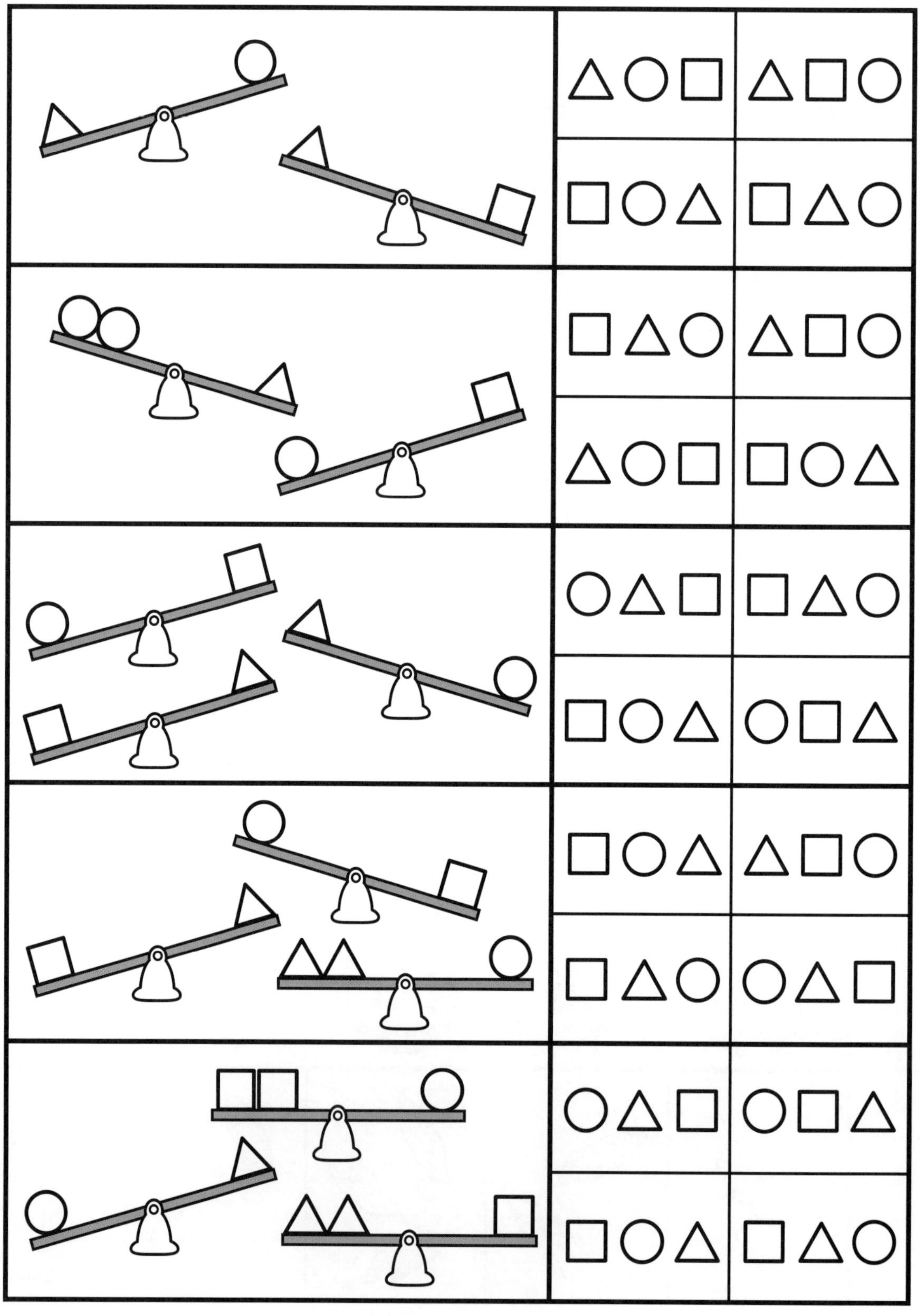

3 → ↓ → ↑ → ↑

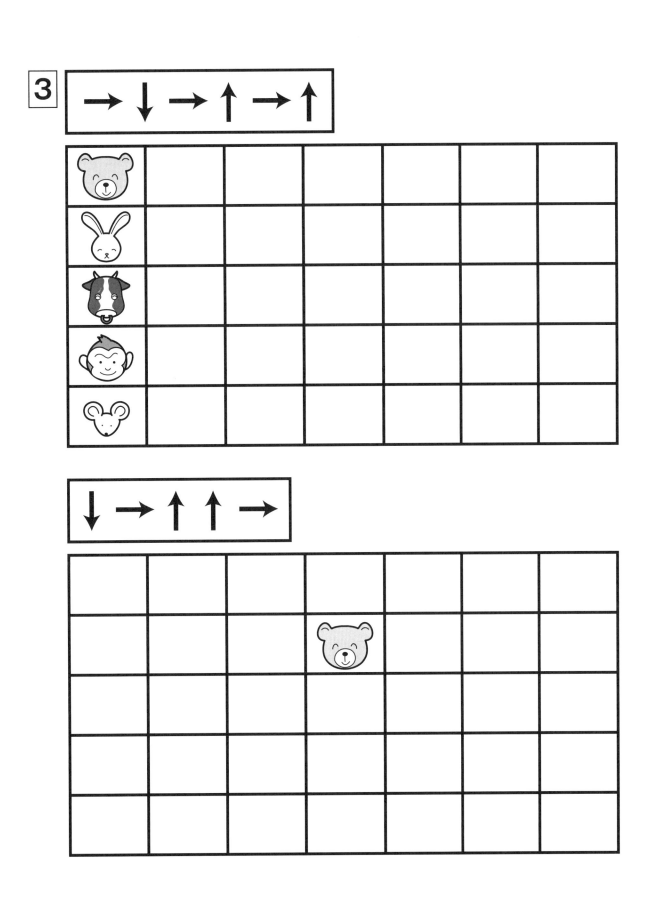

4

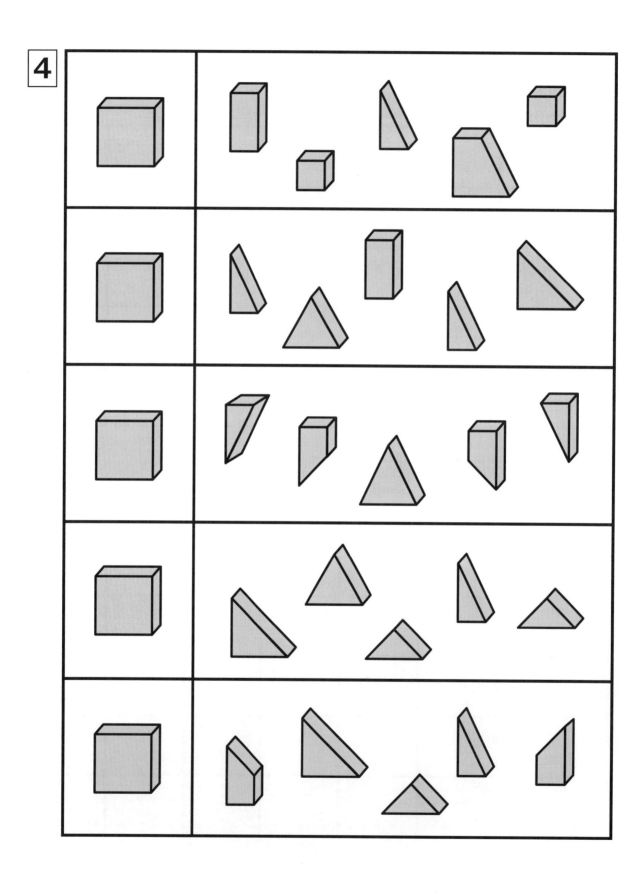

5

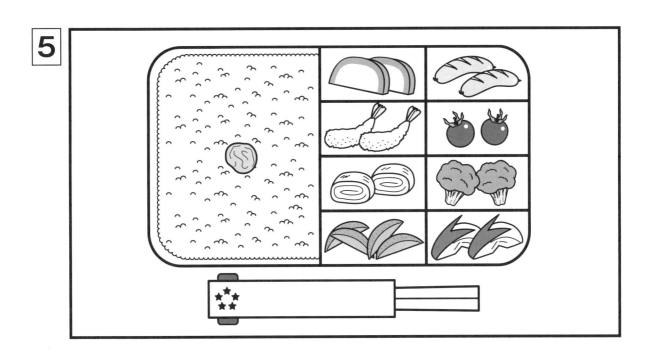

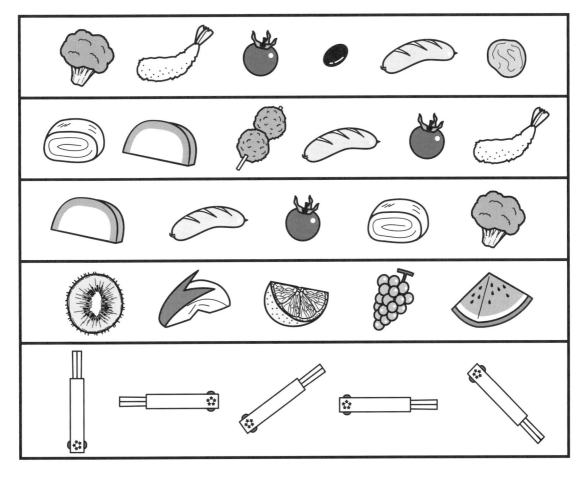

2015

7

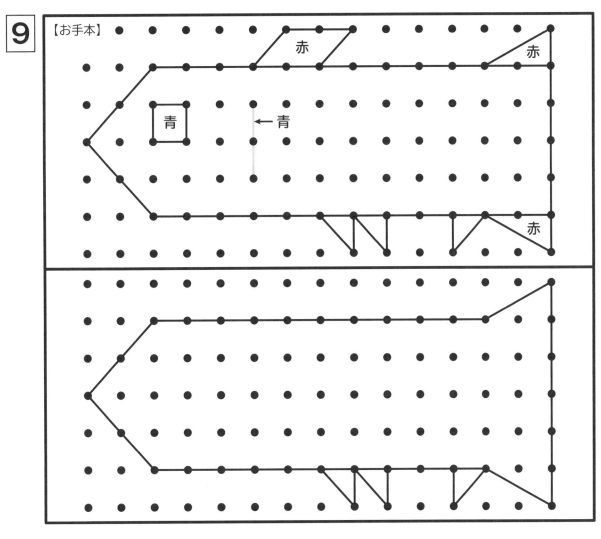

暁星小学校
入試シミュレーション

暁星小学校入試シミュレーション

1 数　量

・左上の四角のおにぎりの数にするには、どの３つの四角を合わせたらよいですか。上も下も３つずつ探して○をつけましょう。

2 数　量

・大きな四角の果物や印、マークの数を調べて、一番多いものには○、２番目に少ないものには△をつけましょう。印はすぐ下の小さな四角の絵につけてください。

3 常識（昔話）

・「桃太郎」のお話に出てくるもの全部に○をつけましょう。
・「花咲かじいさん」のお話に出てくるもの全部に△をつけましょう。
・「ブレーメンの音楽隊」のお話に出てくるもの全部に□をつけましょう。

4 言　語

・下の四角の中で、上の５つのものと名前の２番目の音が同じものを探して、すぐ下の印をつけましょう。左上のペンギンは２番目の音が「ン」なので、上から２番目に「ン」の音が入っているものを探して、ペンギンの下の○の印をつけるということです。

5 位置・記憶

（下のマス目を隠して上の絵を25秒間見せた後、上の絵を隠して下のマス目を見せる）
・リンゴがあったところに○、ミカンがあったところに△をかきましょう。

6 観察力（同図形発見）

・左上の四角のお手本と同じ絵を探して○をつけましょう。

7 構　成

・それぞれの段で、左の形４枚でできているものを右から探して○をつけましょう。ただし、左の形を回して向きを変えるのはよいですが、重ねてはいけません。

8 推理・思考（重さ比べ）

・それぞれの段で一番重いものに○、一番軽いものに×を右の四角の印につけましょう。

9 推理・思考（鏡映図）

・左端のように鏡に映したときの絵を、右から探して○をつけましょう。

10 推理・思考（回転図形）

・左の絵を、右下にあるサイコロの目の数だけ矢印の方にコトンと倒したときの絵を、右から探して○をつけましょう。

11 推理・思考（重ね図形）

・左の四角の中の透き通った紙にかかれた2つの絵を、横にずらして重ねたものを右から探して○をつけましょう。

12 推理・思考（対称図形）

・左の絵のように、折り紙を折って黒いところを切って開いたものを、右から探して○をつけましょう。向きを変えたり、ひっくり返したりはしていません。

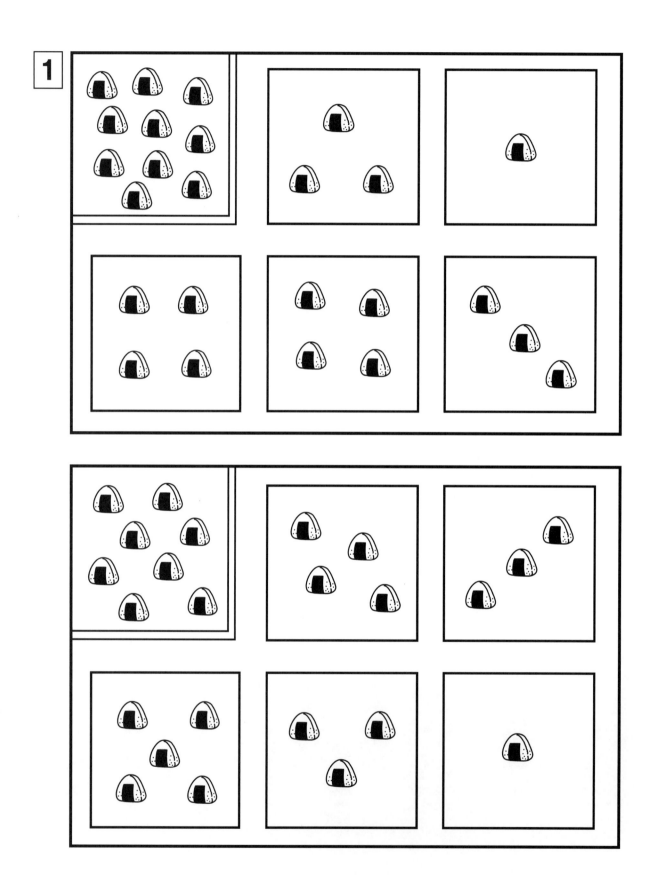

2

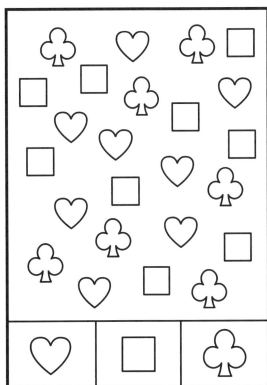

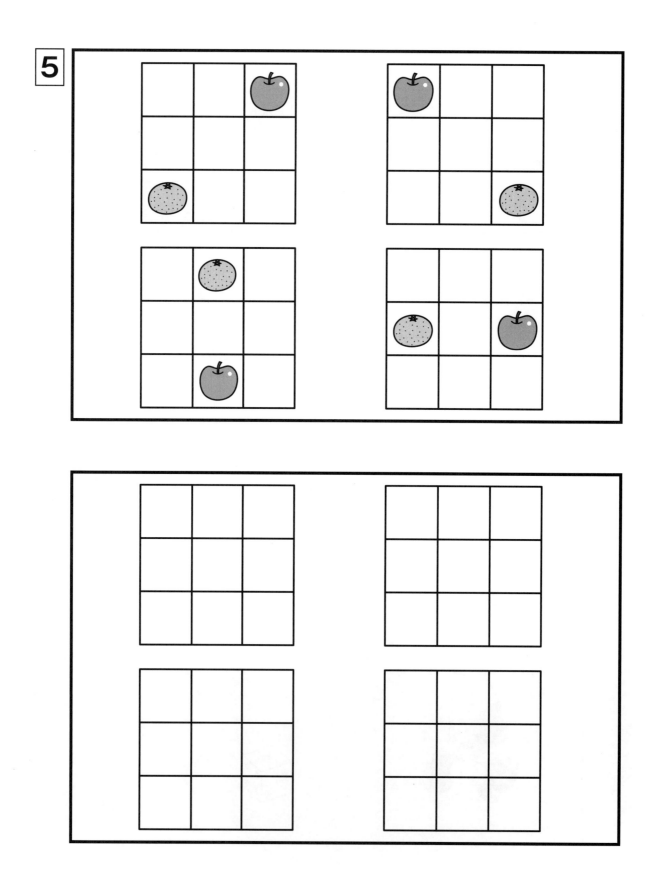

6

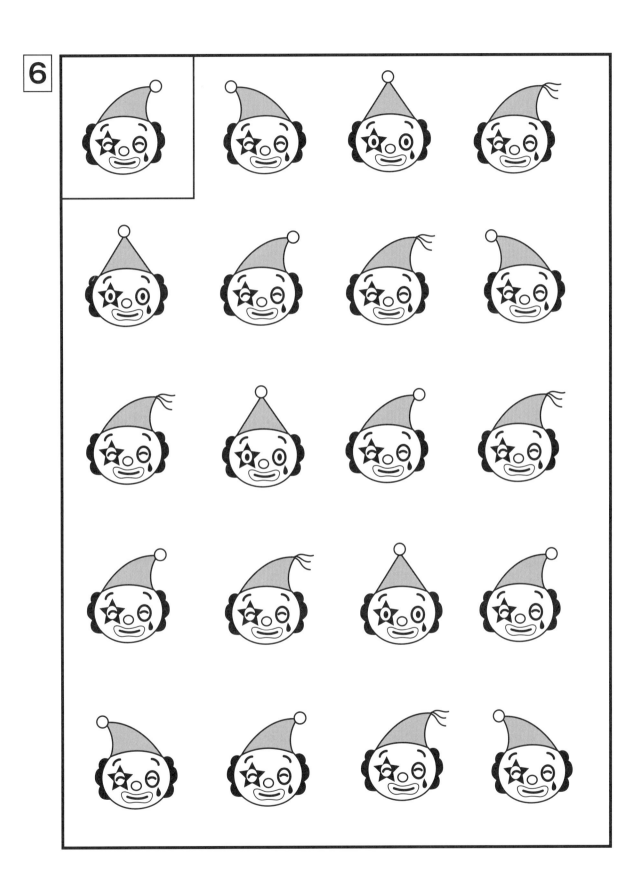

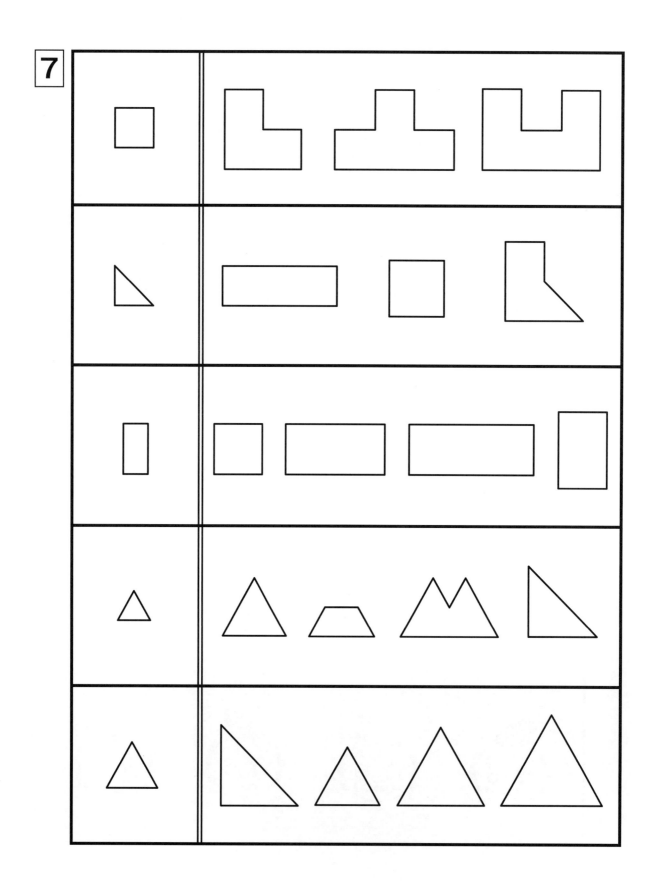

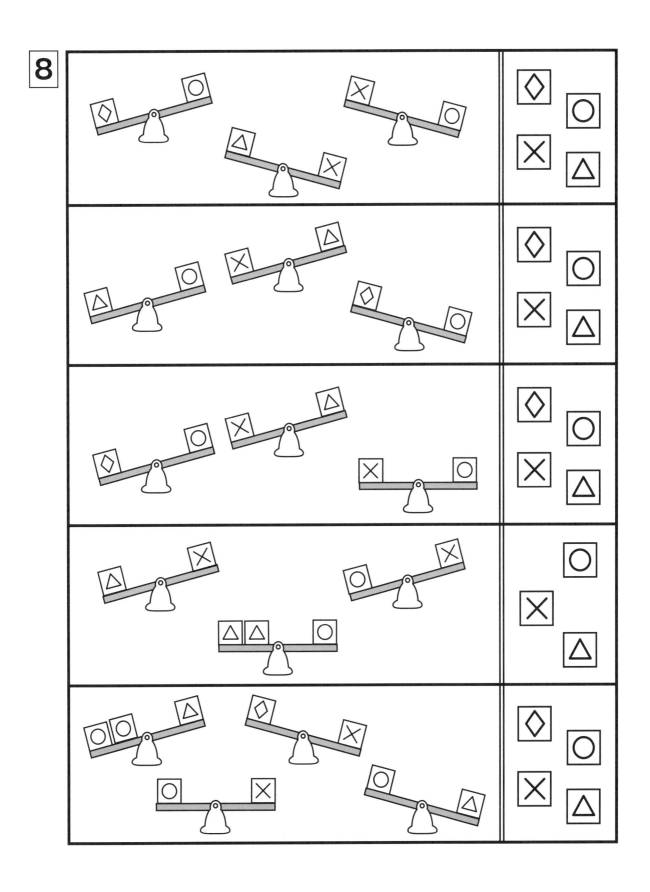

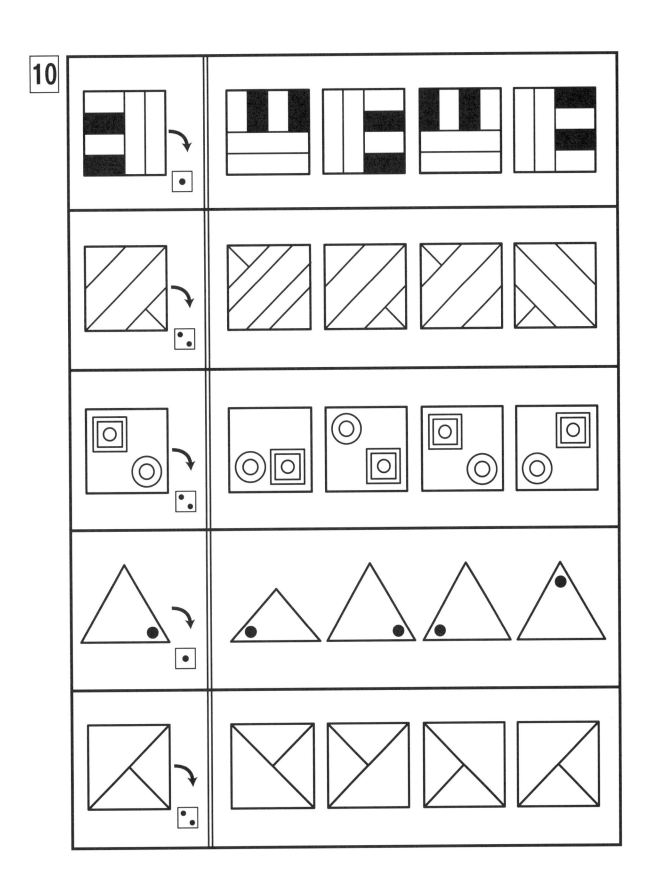

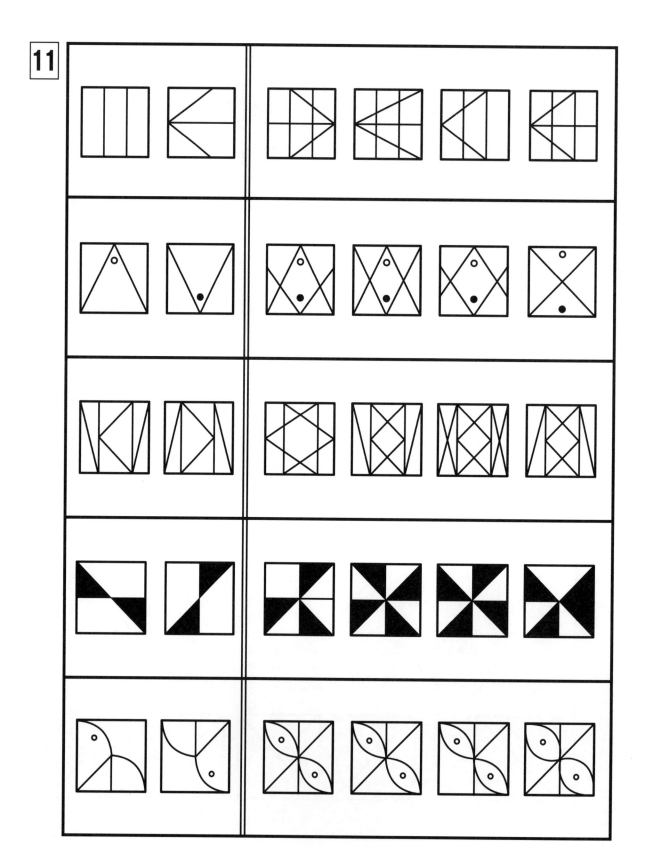

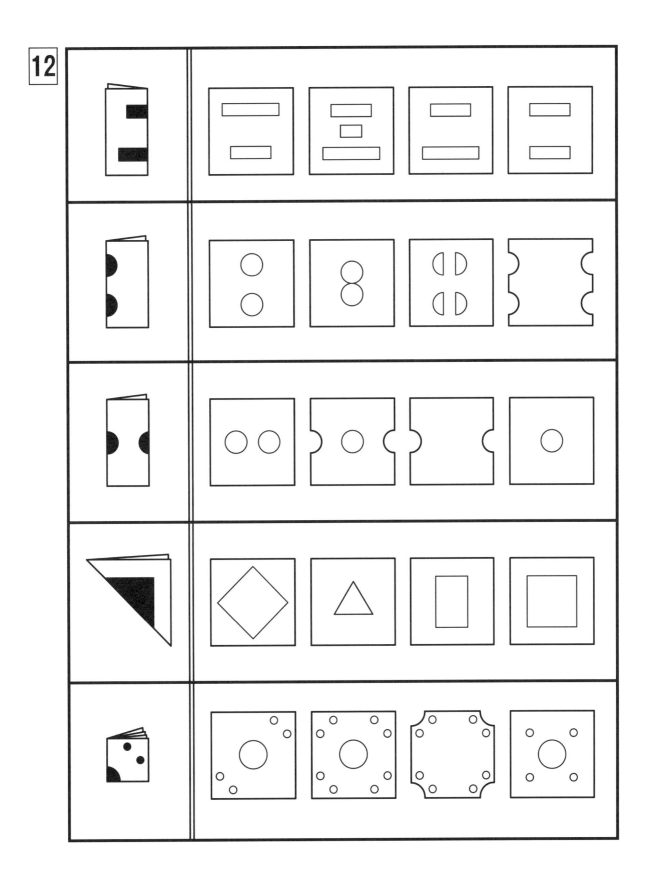

［過去問］ 2025

暁星小学校
入試問題集
解答例

✳ **解答例の注意**

この解答例集では、ペーパーテスト、集団テストの中にある□数字がついた問題、入試シミュレーション
の解答例を掲載しています。それ以外の問題の解答はすべて省略していますので、それぞれのご家庭でお
考えください。（一部□数字がついた問題の解答例の省略もあります）

入試シミュレーションの
解答例もあります！

© 2006 studio*zucca

Shinga-kai

1

2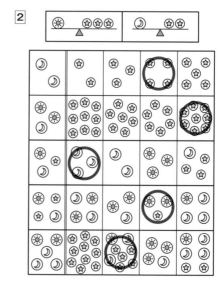

3

4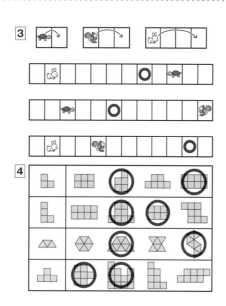

5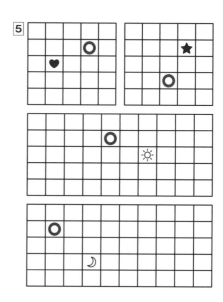

6

7

8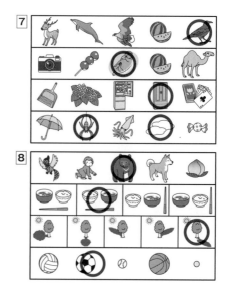

9

10

1

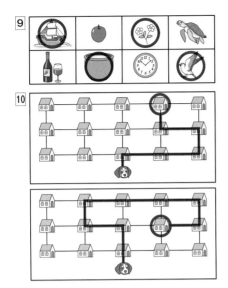

2

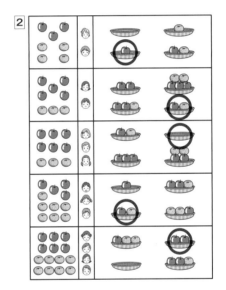

3

4

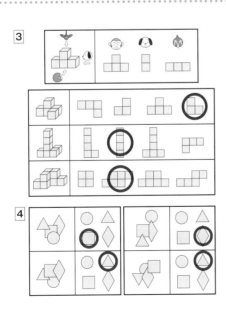

5

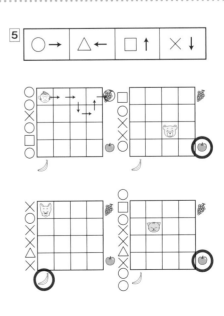

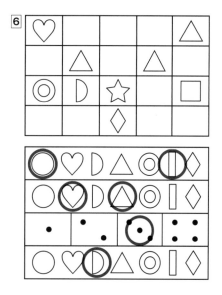

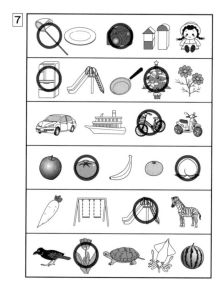

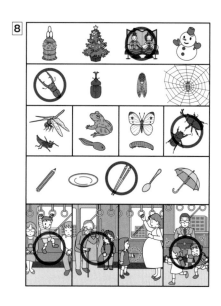

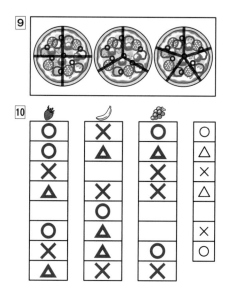

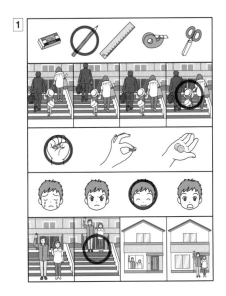

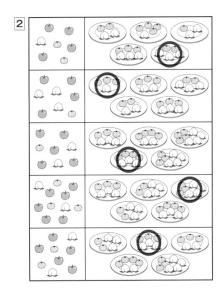

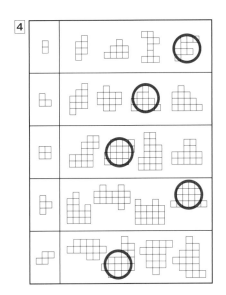

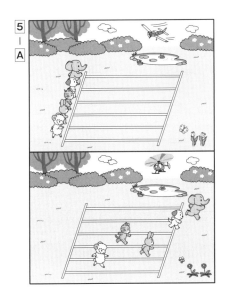

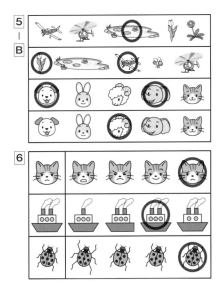

7

8

1

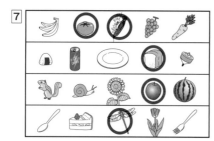

2

3

4

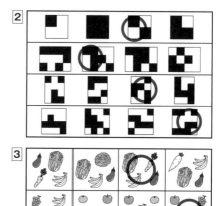

5

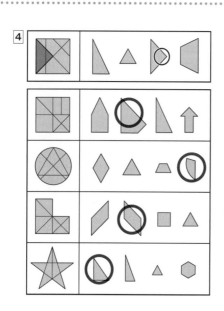

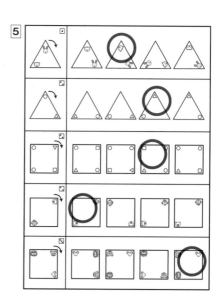

6

7
8
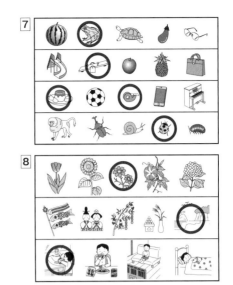

9
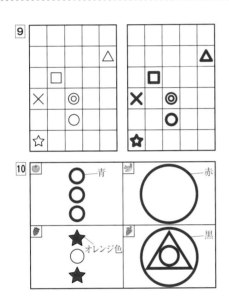

10

1

2

3

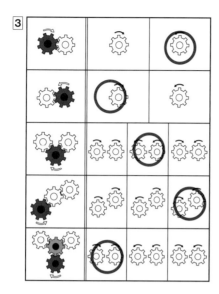

4

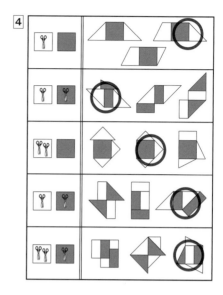

5

6

7

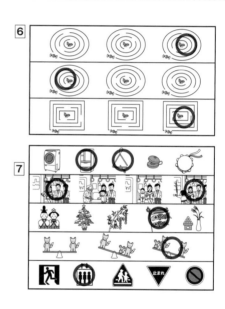

8 【お手本】

9 【お手本】

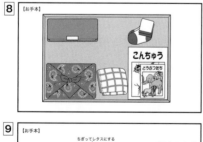

ちぎってレタスにする

おにぎりは
描いてある

ウインナーソーセージ

ゆで卵

10

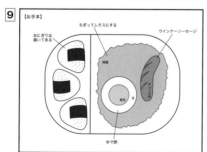

（台紙）

11

〈白と黒の丸いカード各3枚〉

1

2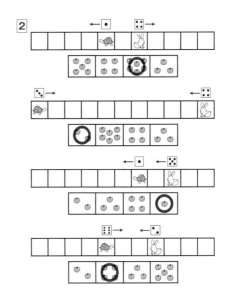

3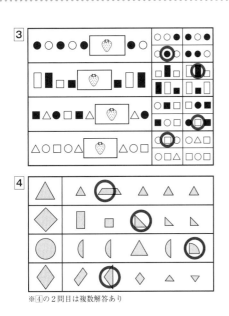

4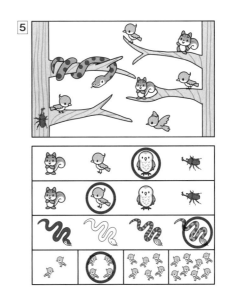

※ 4 の2問目は複数解答あり

5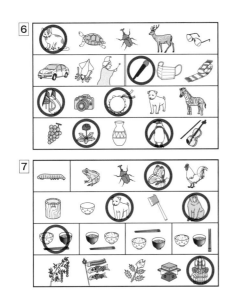

6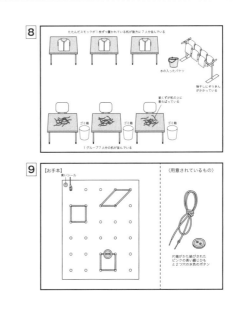

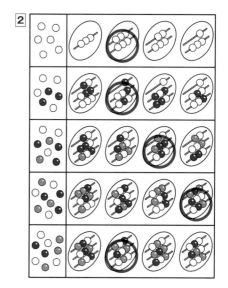

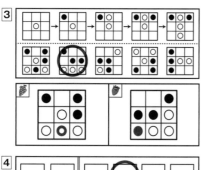

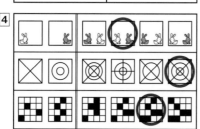

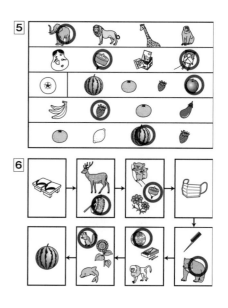

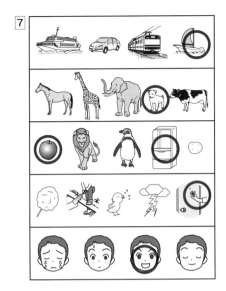

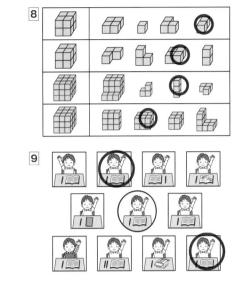

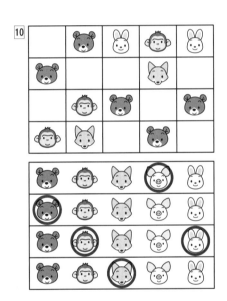

1

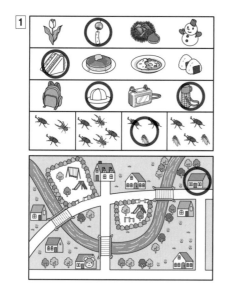

2

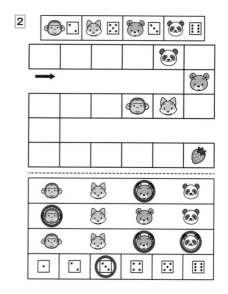

3

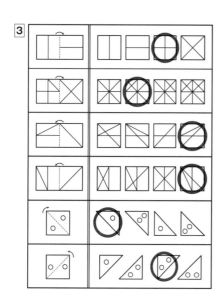

4

5

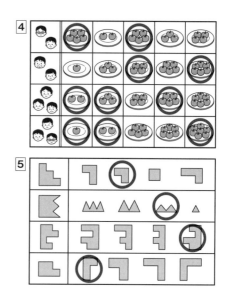

6

7

8

9
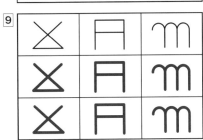

10

11

1

2
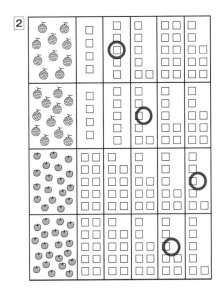

3
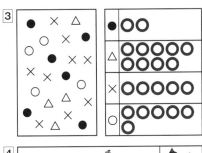

4
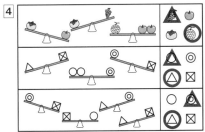

5
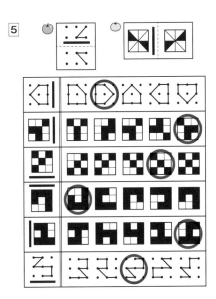

6

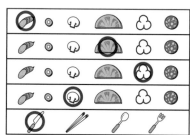

7

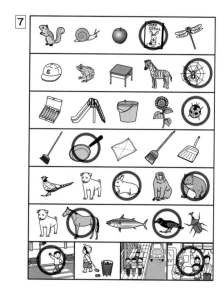

8

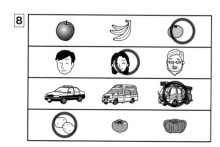

9

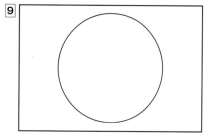

1

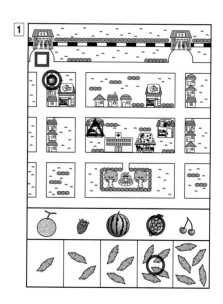

2

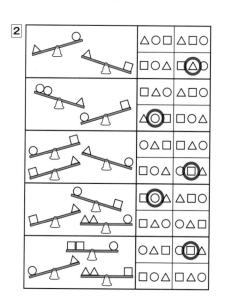

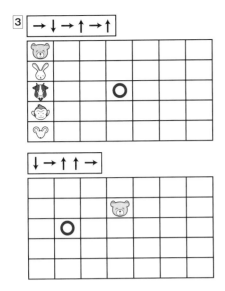

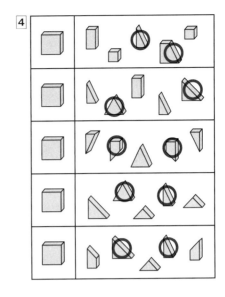

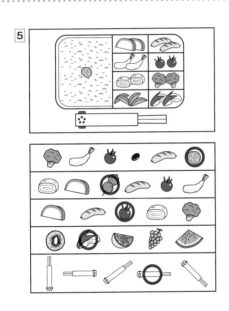

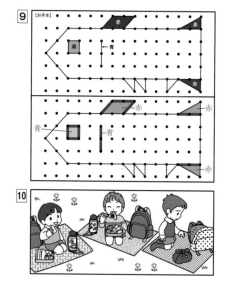

1
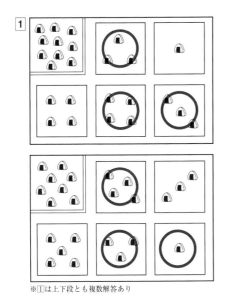

※ 1 は上下段とも複数解答あり

2
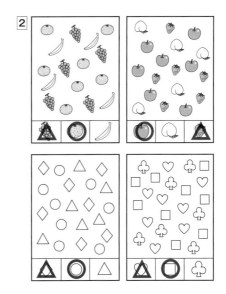

3

4
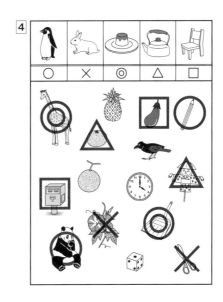

5
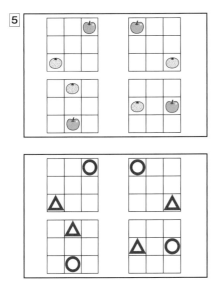

6
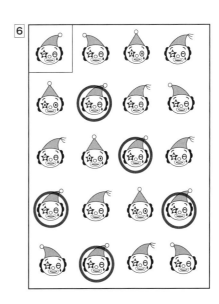

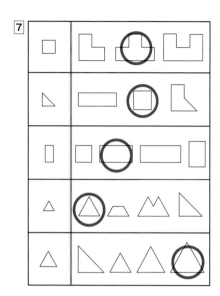

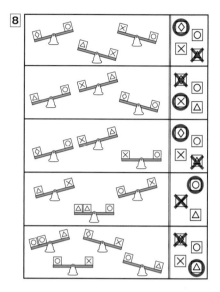

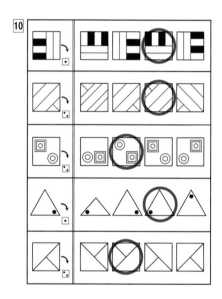

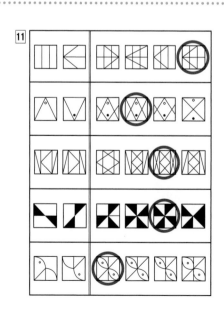

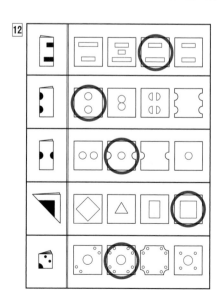

memo

Shinga-kai